普通高等教育机械类应用型人才及卓越工程师培养规划教材

# 汽车拆装实习教程

包春江　主　编

黄贤广　胡云萍　副主编

李　华　石秀勇　白书战　胡清森　参　编

高连兴　主　审

电子工业出版社

**Publishing House of Electronics Industry**

北京·BEIJING

## 内 容 简 介

本书简要阐述汽车拆装基础知识，着重阐述汽车发动机、底盘、车身、电气设备等的结构组成、拆装方法和拆装工艺。全书内容翔实，图文并茂，贴近实际，直观易懂。

本书可作为本科车辆工程、汽车服务工程、交通运输等汽车类专业的汽车拆装实习指导教材，也可作为高职高专层次汽车制造与装配技术、汽车检测与维修技术等相关专业的教材，还可以作为汽车制造、汽车运用等工程技术人员的实用参考书。

**图书在版编目（CIP）数据**

汽车拆装实习教程/包春江主编. —北京：电子工业出版社，2016.1
普通高等教育机械类应用型人才及卓越工程师培养规划教材
ISBN 978-7-121-27624-8

Ⅰ. ①汽…  Ⅱ. ①包…  Ⅲ. ①汽车—装配（机械）—实习—高等学校—教材  Ⅳ. ①U463-45

中国版本图书馆 CIP 数据核字(2015)第 281505 号

策划编辑：郭穗娟

责任编辑：郭穗娟  特约编辑：刘丽丽
印　　刷：三河市华成印务有限公司
装　　订：二河市华成印务有限公司
出版发行：电子工业出版社
　　　　　北京市海淀区万寿路 173 信箱　　邮编 100036
开　　本：787×1 092　1/16　印张：13.75　字数：349 千字
版　　次：2016 年 1 月第 1 版
印　　次：2016 年 1 月第 1 次印刷
定　　价：39.80 元

凡所购买电子工业出版社图书有缺损问题，请向购买书店调换。若书店售缺，请与本社发行部联系，联系及邮购电话：(010)88254888。

质量投诉请发邮件至 zlts@phei.com.cn，盗版侵权举报请发邮件至 dbqq@phei.com.cn。

服务热线：(010)88258888。

《普通高等教育机械类应用型人才及卓越工程师培养规划教材》

# 专 家 编 审 委 员 会

# 前　言

　　汽车拆装实习是普通高等学校汽车类专业培养计划中的一个重要实践环节，是教学联系生产、理论联系实际，培养学生动手能力、分析和解决实际问题能力的重要教学环节。通过拆装实习，使学生综合运用所学的机械知识、车辆知识，加深对相关课程的理解，建立相关课程的联系，培养学生全面地、联系地看待问题的思维方式。通过汽车整车，以及主要总成的结构拆装，使学生初步掌握汽车拆装的基本方法，深化对汽车结构、工作原理的理解和掌握，了解汽车拆装工艺及汽车拆装工具的使用，培养学生动手拆装的实践能力。同时，培养学生举一反三、触类旁通分析其他车型结构特点的能力，为学习后续专业课程及毕业后从事专业工作提供基础知识和基本技能。

　　本书为满足普通高等学校汽车类专业的教学和实践，以能更好地协调课堂理论教学为出发点设置实习内容，提供了更加实用的实践教学方法和教学内容。为满足现代社会对汽车类专业人才有较高实践动手能力的要求，本教材采用大量图片配合清晰的操作步骤以充分激发学生的拆装兴趣。为紧密结合普通高等学校汽车类专业教材，本书主要以成熟车型桑塔纳系列乘用车为例进行拆装，并辅以大众速腾汽车进行电动助力转向系统的拆装、东风 EQ1092 型载货汽车进行气压制动系统的拆装，详细讲述了汽车拆卸、装配和调整等具体方法及注意事项，以满足汽车构造实验或拆装实训、实习的要求。在编写过程中，我们力图做到内容翔实、结构合理、图文并茂、直观易懂、贴近实际。

　　全书主要包括汽车拆装基础知识、发动机的拆装、底盘各系统的拆装、车身的拆装、电气设备的拆装等内容，几乎涵盖了汽车的所有拆装工艺。

　　本书由聊城大学包春江教授统稿并担任主编，黄贤广、胡云萍担任副主编，由沈阳农业大学高连兴教授担任主审。第 1 章由聊城大学包春江教授编写，第 2 章由聊城大学胡云萍老师编写，第 3 章 1.1 节由沈阳农业大学李华老师编写，第 3 章 2.2 节由同济大学石秀勇老师编写，第 3 章 3.3 节、第 4 章由聊城大学黄贤广老师编写，第 3 章 4.4 节由山东大学白书战老师编写，第 5 章由徐州工程兵学院胡清森老师编写。在编写过程中，得到了聊城大学车辆工程实验室卢运凯、张思思、徐风平、孙孟运等老师的大力支持和帮助，在此表示衷心感谢！本书在编写过程中参阅了大量参考书和文献资料，编者受益匪浅，在此向有关作者致以衷心的感谢！

　　由于编者水平有限，疏漏及欠妥之处在所难免，恳请使用本书的高校师生及广大读者批评指正。

编　者

2015 年 10 月

# 目　　录

# 第 1 章　汽车拆装基础知识

## 1.1　汽车拆装应遵循的原则及注意事项

在汽车维修作业中，经常需要对各总成和部件进行拆卸和装配，拆装质量与各总成和部件的技术状况有很大关系，也直接决定了汽车的性能。如果拆卸不当，往往会造成零件出现缺陷，甚至损坏，影响进一步使用，必然增加换件成本。如果装配不当，往往使零件之间不能保持正确的位置及配合关系，影响到汽车的使用性能。

### 1.1.1　汽车拆装应遵循的原则

拆卸的目的是为了检查和修理汽车的零部件，以便对需要维修、保养的汽车总成进行保养，或对有缺陷的零件进行修复或更换，使配合关系失常的零件经过维修调整达到规定技术标准。

**1．掌握汽车的构造及工作原理**

汽车种类繁多，结构各不相同，如果不了解所拆装汽车的结构特点和工作原理，拆卸时不按规定而随意拆卸、任意敲打，就有可能造成零件的变形或损坏；装配时就可能无法保证正确的位置及配合关系。所以必须了解所拆装汽车的构造和工作原理，这是确保正确拆装的前提。

**2．按需要进行拆卸**

零部件经过拆卸，容易产生变形和损坏，特别是过盈配合件更是如此。不必要的拆卸不仅会降低汽车的使用寿命，而且会增加修理成本、延长修理工期。因此，应防止盲目地大拆大卸。如不需拆卸就可以判定零件的技术状况，则尽量不予拆卸，以免损坏零件。应本着"能不拆的就不拆，尽量避免大拆大卸"的原则。

**3．正确地使用工具和设备**

为提高拆卸工效，减少零部件的损伤和变形，应使用相应的工具和设备，严禁任意敲击和撬打。如在拆卸衬套、齿轮、轴承等紧配合件时，尽量使用压力机或拉拔器，也可用手锤通过敲击尺寸合适的铳子进行分离，但严禁使用铁锤直接敲击零件的工作面。拆卸螺栓连接件时，要选用适当的工具，依螺栓紧固的力矩大小优先选用套筒扳手、梅花扳手和呆扳手，尽量避免使用活动扳手和手钳，防止损坏螺母和螺栓的六角边棱，给下次拆卸带来不必要的麻烦。在使用条件许可时，呆扳手比活动扳手好，梅花扳手或套筒扳手比呆扳手好，梅花扳手或套筒扳手的六方口比十二方口好。禁止用钳子代替扳手或用钳子、扳手、螺钉旋具代替手锤。

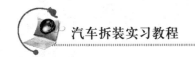
### 4．按顺序逐级拆卸

拆卸时，通常采用平行交叉的作业方式，按照由表及里的顺序逐级拆卸。一般是先拆外，后拆内；先拆附件，后拆主体；先从整体拆成总成，再将总成拆为部件，再将部件拆为组合件，再将组合件拆成零件。

### 5．拆卸时应考虑装配过程，做好装配准备工作

1）检查校对装配标记

为了保证一些组合件的装配关系，在拆卸时应对原有的记号加以校对和辨认。没有记号或标记不清的，应重新检查做好标记。有的组合件是分组选配的配合副，或是在装合后加工的不可互换的组合件，如轴承盖、连杆盖等，它们都是与相应装合件一起加工的，均为不可互换的组件，必须做好装配标记，否则将破坏它们的装配关系甚至动平衡。对有特殊要求的拆卸对象，如离合器与飞轮、曲轴与正时齿轮、气门挺杆、曲轴主轴承与轴承盖、连杆与轴承盖等，拆卸时应检查有无标记。拆卸带有调整垫片的部件时，如转向器调整垫片、主减速器调整垫片和差速器调整垫片等，也应注意做好标记，以便装配时进行调整。

2）分类、顺序摆放零件

为了便于清洗、检查和装配，零件应按不同的要求分类、顺序摆放。否则，零件胡乱堆放在一起，不仅容易相互磕碰撞伤，而且会在装配时造成错装或找不到零件。为此，应将零件归类存放，同一总成、部件的零件应集中在一起放置，不可互换的零件应成对放置，易变形、丢失的零件应专门放置。

### 6．装配顺序

装配时本着"先拆的后装，后拆的先装"的原则。一般是先装内，后装外；先装主体，后装附件；先将零件装配为组合件，再将组合件装配为部件，再将部件装配为总成，最后将总成装配为整体。应认真辨认装配标记，切勿随意变换装配位置，如活塞、曲轴主轴承盖、连杆轴承盖、凸轮轴轴承盖等。为提高装配工效，应使用相应的工具和设备，严禁任意敲击，如安装活塞环、活塞装入缸套等。

## 1.1.2　汽车拆装注意事项

### 1．保证安全操作

1）规范场地环境

整个操作场地内的地面、工具架、工作台、仪表、测试仪等应保持整洁有序，避免燃料、润滑油洒落在地面，并保持场所通风良好，以防止发动机尾气造成环境污染。从一个工作地点转至另一个工作地点时，一定要走指定通道。

2）规范人员行为

进入工作场地应穿工作服，不准穿拖鞋或易滑鞋等。在车下作业一定要先检查车辆和总成支撑连接是否牢固，两人以上同一部位作业要配合好，以免相互碰撞及损伤。被拆下的零部件及使用后的工具，必须按规定位置摆放整齐。

3）规范设备使用

当需要顶起汽车的前端或后端时，应在车轮处正确地安放楔块。当顶起汽车时，举升器的垫座或千斤顶的支点要对准车体上的安全支撑点。

4）时时注意防火

操作时禁止吸烟。燃油、机油等易燃物品应存储在合适容器内专门放置，且远离火源。浸有燃油或机油的碎布、废纸应专门放置。同时不要乱弃废机油，远离火源。

5）电气设备安全

在进行任何电气系统拆装、发动机的移动作业之前，要先拆下蓄电池负极接线。在检修机具和仪器设备电气部分时，一定要先切断电源，并在电源开关处挂上"有人工作、请勿合闸"标牌，以确保安全。千万不要用潮湿的手接触任何电器设备，也不要让电缆通过潮湿的或溅有油污的地方。此外，不要让电缆通过炽热的表面或者尖角的地方，以防线路损坏或触电。

**2．保证规范操作**

（1）为了提高工作效率和保证精度质量，要尽可能使用专用维修工具。拆卸某些特定零件时要使用专门的工具，否则容易弄坏零件，并且有可能无法拆卸。

（2）操作中不得将工具、零件等随意乱扔，应摆放整齐、有序，要养成良好习惯。拆卸下来的螺栓、螺母、垫片等要根据其所在的位置和作用，与拆下的部件放在一起，方便安装时取用。

（3）每次拆卸零件时，应观察零件的装配状况，看是否有变形、损坏、磨损或划痕等现象，为修理提供依据。对于某些表面要求比较高的部件，如汽缸盖下表面、汽缸体上表面，以及内表面、活塞外边面等，这些部件在放置时要格外小心，确保不被外物划伤或磕到。

（4）对于结构复杂的组件和总成，以及初次拆卸的零件，要在适当的非工作面上打上记号，以便组装时将其安装到原来的位置上。

（5）对有较高配合要求的零件，如主轴承盖、连杆轴承盖、气门、柴油机的高压油泵柱塞等，必须做好记号。组装时，按记号装回原位，不能互换。

（6）拆卸螺栓时要对每个螺栓均匀用力，按顺时针或者对角的方向，使部件均匀受力，避免在拆卸的过程中变形。对于一些较紧的螺栓，拆的时候需要将发动机固定住，一般是两个人合作，防止发动机倾倒。零件装配时，必须符合原车技术要求，包括规定的间隙、紧固力矩等。

（7）组装时，必须做好清洁工作，尤其是重要的配合表面、油道等，要用压缩空气吹净。对于损坏的零件、垫圈等要及时进行更换。

（8）注意安装要求，例如，活塞环的三道环之间的角度，启动离合器安装好后要保证大齿盘能够绕一个方向自由旋转。有密封要求的地方要涂抹密封胶。安装过程中如果被卡住了，不要敲下去，应该拿出来仔细检查，对于正确的安装来说，一旦位置正确了，是很容易下去、不会被卡住的。在组装每一个总成时要仔细搜罗好零件，不要漏装，安装完毕后要检查一下周围有没有多余的零件。

（9）发动机的拆装必须在冷态下进行，防止零件变形，且必须先放净冷却液、机油等，

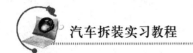 

卸除燃油压力。起吊发动机时，必须确保安全。

（10）拆卸转向系统时，应注意安全气囊的安全性。

## 1.2 汽车拆装工具的选择与使用

在汽车拆装过程中，常会用到各种工具，包括常用工具、专用工具和常用机具。正确选择和使用这些工具至关重要，这决定了拆装过程的工作效率和成败。

### 1.2.1 常用工具

目前常用的扳手工具有呆扳手、两用扳手、梅花扳手、活扳手、钩形扳手、套筒扳手、内六角扳手、扭力扳手等，如图 1-1 所示。

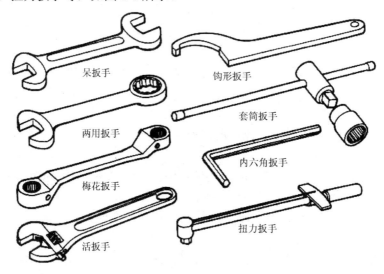

图 1-1 常用扳手

#### 1. 呆扳手

呆扳手又称为开口扳手，是最常见的一种扳手，如图 1-2 所示有双头和单头之分，主要用来拆装标准规格的螺栓和螺母。如图 1-2（c）所示，其开口的中心线和本体中心线一般成 15°角，也有些成 45°或 90°角。这样既能适应人手的操作方向，又可降低对操作空间的要求。按其开口的宽度大小分有 8～10mm、12～14mm、17～19mm 等规格，通常是成套装备，有 8 件一套、10 件一套等。国外有些呆扳手采用英制单位，适用于英制螺栓拆卸。呆扳手使用要求及注意事项如下。

（1）使用时应根据螺栓或螺母的尺寸，选择相应开口尺寸的呆扳手。

（2）为了防止扳手损坏和滑脱，应使拉力作用在开口较厚的一边，如图 1-3 所示顺时针扳动呆扳手为正确，逆时针使用为错误。

（3）呆扳手不能用于拧紧力矩较大的螺栓和螺母，扳转时不准在扳手上任意加套管或锤击，以免损坏扳手或损伤螺栓、螺母。

（4）禁止使用开口处磨损严重的呆扳手，以免损坏螺栓、螺母的棱角。也不能将呆扳手当撬棒使用。

（5）禁止用水或酸、碱液清洗扳手，应先用煤油或柴油清洗后再涂上一层薄润滑油，然后保管。

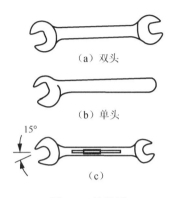

图 1-2　呆扳手　　　　　　　　　　　图 1-3　呆扳手操作方法示意

### 2．梅花扳手

梅花扳手也是最常见的一种扳手，两端呈花环状，内孔是由两个正六边形相互同心错开 30°角而成，按其闭口尺寸大小分有 8～10mm、12～14mm、17～19mm 等。通常是成套装备，有 8 件一套，10 件一套等，如图 1-4 所示。

很多梅花扳手都有弯头，常见的弯头角度在 10°～45°之间，从侧面看旋转螺栓部分和手柄部分是错开的。这种结构方便拆卸装配在凹陷空间的螺栓、螺母，并可以为手指提供操作间隙，以防止擦伤。在补充拧紧和类似操作中，可以使用梅花扳手对螺栓或螺母施加大转矩。梅花扳手有各种大小，使用时要选择与螺栓或螺母大小对应的扳手。因为扳手钳口是双六角形的，可以容易地装配螺栓、螺母，这可以在一个有限空间内操作。

在使用梅花扳手时，左手推住梅花扳手与螺栓连接处，保持梅花扳手与螺栓完全配合，防止滑脱，右手握住梅花扳手另一端并加力，如图 1-5 所示。梅花扳手可将螺栓、螺母的头部全部围住，因此不会损坏棱角，可以施加大力矩。

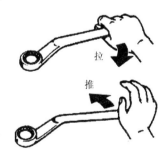

图 1-4　梅花扳手　　　　　　　　　　图 1-5　梅花扳手使用方法

扳转时，严禁将加长的管子套在扳手上以延伸扳手的长度增加力矩，严禁捶击扳手以增加力矩，否则会造成工具的损坏。严禁使用有裂纹或内孔已严重磨损的梅花扳手。

使用时根据螺栓或螺母的尺寸，选择相应尺寸的梅花扳手。与开口扳手相比，梅花扳

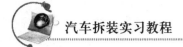

手扳动 30°角后，即可换位再套，适用于狭窄场合下操作，而且强度高，使用时不易滑脱，应优先选用。

此外，为方便操作，有的扳手（图 1-6）一头是开口扳手，另一头是梅花扳手，称为两用扳手。

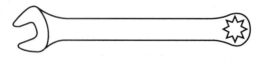

图 1-6　两用扳手

### 3．套筒扳手

套筒扳手是汽车拆装工作中使用最方便的工具之一，如图 1-7 所示，包含多个带六角孔或十二角孔的套筒头。按其闭口尺寸大小有不同的规格，并且配有手柄、棘轮手柄、快速摇柄、接头和接杆等（图 1-8），以方便操作和提高效率。

图 1-7　套筒扳手

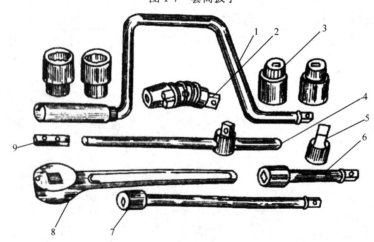

图 1-8　套筒扳手组成

1—快速摇柄；2—万向接头；3—套筒头；4—滑头手柄；

5—旋具接头；6—短接杆；7—长接杆；8—棘轮手柄；9—直接杆

套筒扳手既适用于一般位置的螺栓、螺母的拆装，也适用于拆装位置狭窄或凹陷很深，以及需要一定转矩的螺栓或螺母，比梅花扳手更具方便、快捷特点，应优先考虑使用。各种手柄适用于各种不同的场合，以操作方便或提高效率为原则，在汽车维修中还采用了许多专用套筒扳手，如火花塞套筒扳手（图 1-9）、轮胎螺母套筒扳手（图 1-10，俗称十字架扳手）等。还有一些专用的 T 形套筒扳手（图 1-11），更方便拆装，应更加优先考虑选用。

套筒虽然内凹形状一样，但外径、长短等是针对对应设备的形状和尺寸设计的，国家没有统一规定，所以套筒的设计相对来说比较灵活，符合大众的需要。套筒扳手一般都附有一套各种规格的套筒头，以及手柄、接杆、万向接头、旋具接头、弯头手柄等用来套入六角螺母。套筒扳手的套筒头是一个凹六角形的圆筒；扳手通常由碳素结构钢或合金结构钢制成，扳手头部具有规定的硬度，中间及手柄部分则具有弹性。

套筒扳手一般有加长部件，加长有两种原因：一是方便接触到比较隐蔽的位置；二是加长力臂，这样用同样的力，力矩就大，方便拆卸一些比较紧的螺栓。

图 1-9　火花塞套筒扳手

图 1-10　轮胎螺母套筒扳手

图 1-11　T 形套筒扳手

套筒扳手使用要求及注意事项如下。

（1）套筒扳手在使用时需接触好后再用力，发现套筒或扳手手柄方榫磨损严重、变形或有裂纹时，应停止使用。

（2）使用时，根据螺栓、螺母的尺寸选择合适规格、型号的套筒，将其套在快速摇柄的方榫上（视需要与长接杆或短接杆配合使用），再将套筒套住螺栓、螺母，转动快速摇柄进行拆装。

（3）使用快速摇柄拆装螺栓、螺母时，保持摇柄与螺栓、螺母同轴，以免套筒滑出或损坏螺栓、螺母。

（4）用棘轮手柄扳转时，禁止拆装过紧的螺栓、螺母，以免损坏棘轮手柄。

（5）禁止将套筒强行击入已变形的螺栓、螺母来进行拆装，以免损坏套筒。

（6）在使用火花塞套筒时，一定要对准火花塞，不可歪斜，应逐渐加大扭力，以防滑脱。如发现阻力很大，应查明原因后再动手拆装火花塞，不可盲目用大力拆装，转动时用另一只手稍微压住套筒的另一端，以确保操作安全。

（7）使用后将套筒擦拭干净，妥善放置。

### 4．活扳手

活扳手又称为活口扳手，其结构如图 1-12 所示，其开口尺寸能在一定的范围内任意调整，特别对不规则的螺栓、螺母更能发挥作用，其规格如图 1-13 所示，以最大开口宽度 $K$ ×扳手长度 $L$（mm）来表示。

活扳手操作起来不太方便，需旋转调整蜗杆才能使活动扳口张开及缩小，而且容易从螺栓或螺母上滑脱，应尽量少用，仅在缺少相应其他扳手（如英制扳手）时使用。使用时也应注意使拉力作用在开口较厚的一边。

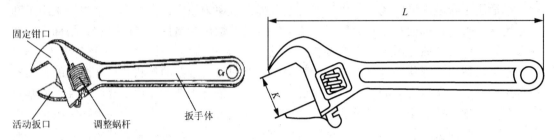

固定钳口

活动扳口　　调整蜗杆　　扳手体

图 1-12　活扳手结构图　　　　　　　　　　图 1-13　活扳手规格示意

活扳手使用要求及注意事项：

（1）使用活扳手时，应根据螺栓、螺母的尺寸将扳手的开口调整合适（不松旷），小心使用以防损坏螺栓、螺母的棱角。

（2）如图 1-14 所示，扳手开口的固定一侧要在用力的一侧，活动端要在支撑的一侧。扳转时，应使固定部分承受拉力，以免损坏扳手的活动部分。

（3）扳转时，禁止在活扳手的手柄上任意加套管或锤击，以免力矩过大和受冲击而损坏扳手或螺母。

（4）禁止将活扳手当作手锤使用。

（5）活扳手操作费时，活动扳口也容易歪斜，螺栓、螺母的头部比较容易受损，故操作时应特别注意。

各类扳手的选用原则：一般优先选用套筒扳手，其次为梅花扳手，再次为呆扳手，最后选活扳手。

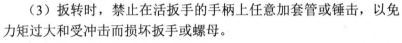

旋转方向

图 1-14　活扳手的使用

### 5．扭力扳手

扭力扳手与套筒扳手中的套筒头配合使用，可以直接读出所施转矩的大小，适用于发动机连杆螺母、缸盖螺栓、曲轴主轴承螺栓、飞轮螺栓等重要螺栓的紧固。如图 1-15 所示，扭力扳手常用的形式有刻度盘式和预置式，其规格是以最大可测转矩来划分的，如预置扭力扳手有 20/100/250/300/800/2000N·m 等。

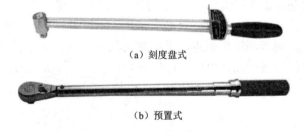

（a）刻度盘式

（b）预置式

图 1-15　扭力扳手

扭力扳手使用要求及注意事项：

（1）使用时，一只手握住扭力扳手与套筒头联结处，另一只手握住手柄加力。手平稳地拉动扭力扳手的手柄，并观察扭力扳手指针指示的数值。禁止往外推，以免滑脱。

（2）使用时不能用力过猛，不能超出转矩范围使用。使用后应将扭力扳手平稳放置，避免其受重物撞、压，造成扳杆或扳手指针变形而影响其测量精度，甚至损坏扳手。

（3）禁止在扭力扳手的手柄上再加套管或锤击。禁止使用无刻度盘或刻度线不清的扭力扳手。

（4）预置式扳手使用前应根据使用要求确定预置转矩值，切勿在达到预置转矩后继续施力，以保证精度、延长使用寿命。用后应将预紧力矩调至初始值。

（5）使用后擦拭干净，妥善放置。

### 6．内六角扳手

如图 1-16 所示，内六角扳手是呈 L 形、截面为六角状的扳手，用来拆装内六角螺栓（螺塞）。汽车维修作业中用成套内六角扳手，可供拆装 M4～M30 的内六角螺栓。

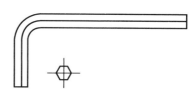

图 1-16　内六角扳手

内六角扳手的使用要求及注意事项：

（1）用于拧紧或旋松标准规格的内六角螺栓。

（2）拧紧或旋松的力矩较小。

（3）内六角扳手的选取应与螺栓内六方孔相适应，不允许使用套管等加长装置，以免损坏螺栓或扳手。

### 7．管钳

管钳（图 1-17）主要用于扳转金属管子或其他圆柱形工件。管钳上有牙，工作时会将工件表面咬毛，应避免用来拆装螺栓、螺母。禁止将管钳当作手锤使用。

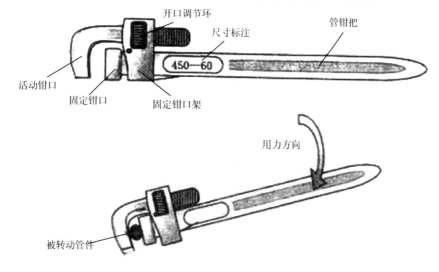

图 1-17　管钳及使用示意

### 8．螺钉旋具

螺钉旋具（俗称螺丝刀、起子、改锥）如图 1-18 所示，它由手柄、刀体和刀口三部分组成。按刀口的不同，主要有一字旋具和十字旋具两种（图 1-19），其规格以刀体部分的长度来表示。常用的规格有 100mm、150mm、200mm 和 300mm 等几种。

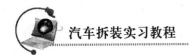

螺钉旋具用来拆装小螺钉，使用时应根据螺钉沟槽的形状和宽度选用相应的规格。旋松螺钉时，除施加旋转力矩外，还应施加适当的轴向力，以防滑脱损坏零件。

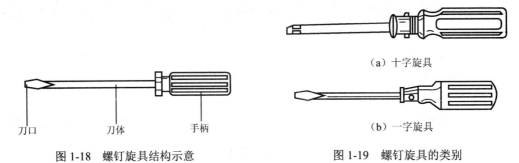

（a）十字旋具

刀口　　　　　刀体　　　　　手柄

（b）一字旋具

图 1-18　螺钉旋具结构示意　　　　　图 1-19　螺钉旋具的类别

螺钉旋具的使用要求及注意事项：

（1）选择大小合适的螺钉旋具，在确保刀口能够安全放入螺钉头部槽内的情况下，应尽量选择大一点的螺钉旋具。刀口不得残缺，以免损坏螺钉槽口。

（2）使用时，右手握住螺钉旋具，掌心抵住柄端，头部嵌入螺钉的槽中。螺钉旋具与螺钉同轴，压紧后用手腕扭转。松动后用掌心轻压螺钉旋具，用拇指、中指、食指快速扭转。

（3）使用旋具时，不要用手接触零件进行拆装。旋具一旦滑出，很容易弄伤手。如果需要用手接触，需谨慎操作。使用长杆螺钉旋具时，可用左手协助压紧和拧动手柄。

（4）不可将螺钉旋具当撬棍或扁铲来使用，不可在螺钉旋具上用扳手或手钳增加扭力，以免损伤螺钉旋具。也不可用锤子敲击螺钉旋具将其当錾子使用。

（5）不可带电操作。

### 9．手锤

手锤按材质不同有铁锤和非铁质锤两种（图 1-20），铁锤用于粗重物体和需要重击的地方；非铁质锤又包括橡胶锤、木锤和塑料锤等，用于不能重击或容易损坏的地方，两者的使用视情况而定。手锤按形状有多种形式，一端平面略有弧形的是基本工作面，另一端是球面，用来敲击凹凸形状的工件。规格以锤头质量来表示，以 0.5～0.75kg 最为常用。

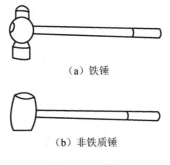

（a）铁锤

（b）非铁质锤

图 1-20　手锤

如图 1-21 所示，手锤的正确使用方法为右手握住距离锤柄后端约 10mm 处，握时要注意松紧适度。敲击时，眼睛注视工件。锤击动作要靠手腕的运动，挥锤有三种方法，即手挥、肘挥和臂挥。

手锤的使用要求和注意事项：

（1）使用手锤时，应先检查锤头是否松动，以防锤头脱出伤人。

（2）将手柄和锤头上的油污清理干净，以防手锤从手中滑脱伤人或损坏零件。

（3）锤头应平整地击打在工件上，不得歪斜，防止破坏工件表面。

（4）拆卸零部件时，禁止直接锤击重要表面或易损部位，以防出现表面的破坏或损伤。

（5）想要手锤在打击钉子的时候有一定的弹性，需要掌握把柄的位置。

（6）为了使用的安全性，必须要注意使用时前后左右没有人站立，这样可以避免出现伤害。

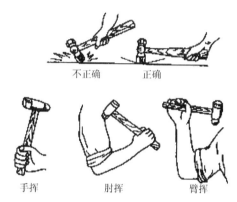

图 1-21　手锤使用方法示意

### 10．手钳

常见的手钳有钢丝钳、鲤鱼钳、尖嘴钳和卡簧钳。

1）钢丝钳

钢丝钳主要用于夹持圆柱形零件，也可以代替扳手旋转小螺栓、小螺母，钳口后部的刀口可剪切金属丝。钢丝钳结构如图 1-22 所示，按其钳长分 150mm、175mm、200mm 三种。

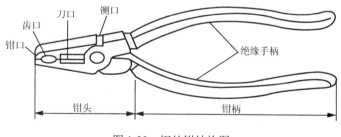

图 1-22　钢丝钳结构图

2）鲤鱼钳

鲤鱼钳（图 1-23）用于弯曲细小金属材料，夹持扁形或圆形小工件，切断金属丝。其中部凹口粗长，便于夹持圆柱形零件，由于一片钳体上有两个互相贯通的孔，又有一个特殊的销子，操作时钳口的张开度可很方便地变化，以适应夹持不同大小的零件，是汽车维修中使用较多的手钳。规格以钳长来表示，一般有 165mm、200mm 两种。

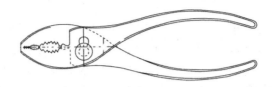

图1-23　鲤鱼钳

3）尖嘴钳、弯嘴钳

尖嘴钳（图1-24）、弯嘴钳（图 1-25）因其头部细长而得名，能在较小的空间使用，其刃口也能剪切细小金属丝，可用于夹持卡簧、锁销等圆形或圆柱形小件。使用时用手握住钳柄后端，使钳口开闭、夹紧。使用时不能用力太大，否则钳口头部会变形或断裂，规格以钳长来表示，汽车拆装常用的是 160mm。

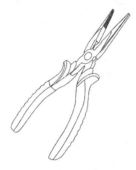

图1-24　尖嘴钳

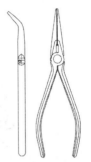

图1-25　弯嘴钳

4）卡簧钳

卡簧钳有多种结构形式（图1-26），用于拆装轴用卡簧（挡圈）和孔用卡簧（挡圈），有内卡簧钳和外卡簧钳之分。使用时根据卡簧（挡圈）结构形式，选择相应的卡簧钳。内卡簧钳只能拆装孔用卡簧，外卡簧钳只能拆装轴用卡簧，两者不能混用。使用卡簧钳时，用力必须均匀，避免用力过猛而导致卡簧滑脱。

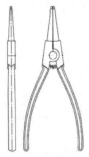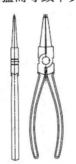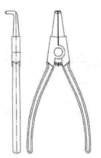

（a）外直卡簧钳　　　（b）内直卡簧钳　　　（c）外弯卡簧钳　　　（d）内弯卡簧钳

图1-26　卡簧钳

**11. 铜棒**

铜棒用来敲击不允许直接锤击的工件表面，不得用力过大。使用时一般与手锤配合使用，一只手握住铜棒，将其一端垂直置于工件表面，另一只手用手锤锤击铜棒另一端。

#### 12. 撬棍

撬棍用于撬动旋转件或撬开结合面，也可用于工件的整形。使用时将撬棍稳定地支撑于某一位置，加力使之旋转或撬起。撬棍不可代替铜棒使用，不可用于软材质结合面的撬动。

### 1.2.2 专用工具

#### 1. 活塞环拆装钳

活塞环拆装钳（图1-27）是一种用于拆装活塞环的专用工具，由钳柄、钳口和控制机构组成。拆装活塞环时，必须使用活塞环拆装钳。

如图1-28所示，使用活塞环拆装钳时，将拆装钳上的环卡卡住活塞环开口，四指和大拇指分别握住钳柄后端手把并稍稍均匀地用力，使拆装钳手把慢慢地收缩，环卡将活塞环徐徐张开，使活塞能从活塞环槽中取出或装入。

使用活塞环拆装钳拆装活塞环时，用力必须均匀，避免因用力过猛而导致活塞环折断，避免伤手事故。禁止活塞环开口张开过大而不能复原。

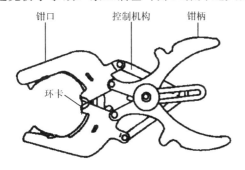

图 1-27 活塞环拆装钳

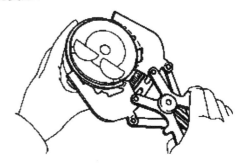

图 1-28 活塞环拆装钳使用方法

#### 2. 活塞环压缩器

在将活塞连杆组装入汽缸时，需使用活塞环压缩器先将活塞环压入活塞环槽内后，再用铜棒或木柄轻敲活塞顶部，才能顺利地将活塞装入汽缸，如图1-29所示。

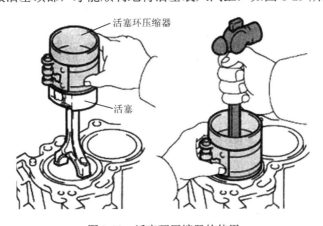

图 1-29 活塞环压缩器的使用

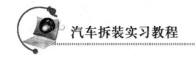

使用活塞环压缩器时，先用内四角扳手将活塞环压缩器旋松，然后将其套住活塞，再通过内四角扳手旋紧活塞环压缩器，使其压缩活塞环，并逐渐地完全进入活塞环槽内。

### 3．气门弹簧拆装钳

气门弹簧拆装钳是拆装顶置气门弹簧的专用工具，包括弓式和杠杆式等，如图1-30所示。

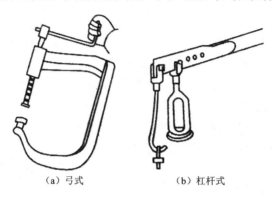

（a）弓式　　　　　　　（b）杠杆式

图1-30　气门弹簧拆装钳

弓式气门弹簧钳使用时，如图1-31所示，将钳的托架抵住气门，压环对正气门弹簧座，然后压下或转动手柄，使得气门弹簧被压缩到露出气门弹簧锁销或锁片为止。当弹簧锁销或锁片被取下或被装上后，再逐渐慢慢地放开手柄，从而使气门弹簧被取下或被装上。

杠杆式气门弹簧钳使用时，如图1-32所示，先将端钩固定在汽缸盖上，压环压到气门弹簧座上，用手压住杠杆的另一端手柄使得气门弹簧被压缩到露出气门弹簧锁销或锁片为止。当弹簧锁销或锁片被取下或被装上后，再逐渐慢慢地放开手柄，从而使气门弹簧被取下或被装上。

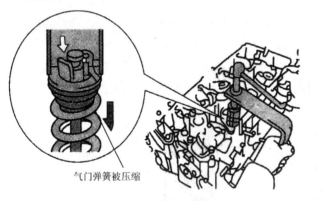

气门弹簧被压缩

图1-31　弓式气门弹簧钳的使用

端钩固定在汽缸盖上

图1-32　杠杆式气门弹簧钳的使用

### 4．滤清器扳手

滤清器扳手是拆装机油滤清器、柴油滤清器的专用工具，在实际工作中包含多种类型，如图1-33所示，其中链条式只能用于拆卸，皮带式只能用于装配，钳式适用于扭转力矩不大的滤清器，手铐式既可用于拆卸也可用于装配，所以使用最广泛。在汽车维修过程中，如果要进行机油滤清器、柴油滤清器等的更换工作，必须使用这种专用工具。

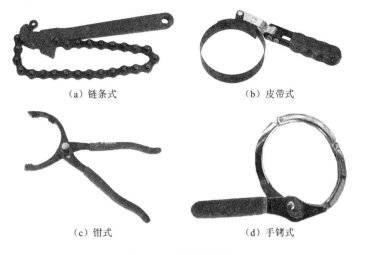

（a）链条式　　　　　　　　　　　　（b）皮带式

（c）钳式　　　　　　　　　　　　（d）手铐式

图 1-33　滤清器扳手

### 5. 顶拔器

顶拔器用来拆卸配合较紧的轴承、齿轮等零部件，由拉爪（常见的有二爪和三爪，分别称为二爪拉马和三爪拉马）、座架、丝杆和手柄等组成。顶拔器（图 1-34）包括机械式和液压式等。

使用顶拔器时，根据轴端与被拉工件的距离转动顶拔器的丝杆，至丝杆顶端顶住轴端，拉爪钩住工件的边缘，然后慢慢转动丝杆将工件拉出。顶拔工件时，其中心线应与被拉工件轴线保持同轴，以免损坏顶拔器。拉工件时，不能在手柄上随意加装套管，不能用锤子敲击手柄，以免损坏顶拔器。此外，禁止在轴或轴承部位加热拆卸。

### 6. 气门油封钳

气门油封钳（图 1-35）用于取出气门油封，用其夹住气门油封，将油封拉出即可。使用时用力不宜太大，以免损伤油封。

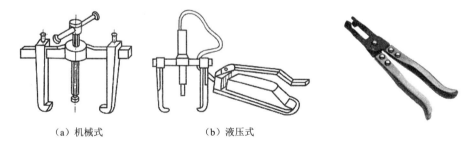

（a）机械式　　　　　　　　　　　（b）液压式

图 1-34　顶拔器　　　　　　　　　　　　　　图 1-35　气门油封钳

### 7. 滑脂枪

滑脂枪俗称黄油枪，是一种用来加注润滑脂（黄油）的专用工具，如图 1-36 所示。

（1）填装黄油：拉出拉杆使柱塞后移，拧下滑脂枪缸筒的前盖；把清洁润滑脂分成团状，并将其徐徐装入缸筒内，且使润滑脂团之间尽量相互贴紧，便于缸筒内的空气排出；装回前盖推回拉杆，柱塞在弹簧作用下前移，使润滑脂处于压缩状态。

（2）加注黄油：把滑脂枪接头对准需加注的黄油嘴，不能偏斜，以免影响润滑脂加注。加注黄油时，如注不进黄油应立即停止，并查明堵塞的原因，排除后再加注。主要原因有滑脂枪缸筒内无黄油或压力缸筒内的润滑脂间有空气；滑脂枪压油阀堵塞或注油接头堵塞；滑脂枪弹簧疲劳过软而造成弹力不足或弹簧折断而失效；柱塞磨损严重而导致漏油；滑脂嘴被泥污堵塞而不能注入润滑脂。

### 8. 轮胎气压表

轮胎气压表（图1-37）用来检测轮胎气压，使用时将轮胎气压表测量端槽口与轮胎气门嘴对正压紧。这时轮胎气压表指针发生偏转，其指示值即该轮胎的气压，或者轮胎气压表的标杆在气压作用下被推出，这时标杆上所显示的数值即为该轮胎的气压。

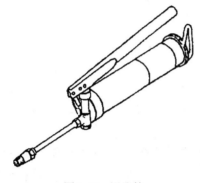

图1-36　滑脂枪

图1-37　轮胎气压表

## 1.2.3　常用机具

### 1. 千斤顶

千斤顶是一种起重高度小（≤1m）的最简单的起重设备，其结构轻巧坚固、灵活可靠，一人即可携带和操作。汽车千斤顶分为螺旋千斤顶、剪式千斤顶和液压千斤顶等（图1-38）。螺旋千斤顶依靠螺纹自锁来撑住重物，结构并不复杂，其支撑重量较大，但工作效率较慢，上升慢、下降快。液压千斤顶又分为通用液压千斤顶和专用液压千斤顶，其优点是升降速度快、承重能力大、方便携带，在汽车拆装与维修时经常用到。

液压千斤顶必须与安全支撑一起配合使用，即将汽车举离地面，然后将安全支撑放在汽车底架下面。

1）液压千斤顶的使用方法

（1）起顶汽车前，应把千斤顶顶面擦拭干净，拧紧液压开关，把千斤顶放置在被顶部位的下部，并使千斤顶与被顶部位相互垂直，以防千斤顶滑出而造成事故。

（2）旋转螺杆，改变千斤顶顶面与被顶部位的原始距离，使起顶高度符合汽车需要的顶置高度。

（3）用三角形垫木将汽车着地车轮前后塞住，防止汽车在顶起过程中发生滑溜事故。

（4）用手上下压动千斤顶手柄，将被顶汽车逐渐升到一定高度，在车架下放入搁车凳，禁止用砖头等易碎物支垫汽车。落车时，应先检查车下是否有障碍物，并确保操作人员的安全。

（5）徐徐拧松回油阀，使汽车缓慢平稳地下降并架稳在搁车凳（安全支撑）上。

2）液压千斤顶的使用要求

（1）起重前必须估计重物的重量，切忌超载使用。

（2）使用时需确定物体重心，选择千斤顶正确的着力点，放置平稳，同时还必须考虑地面的软硬程度。必要时应垫以坚韧的厚木板，以防起重时产生歪斜甚至倾倒。千斤顶与汽车接触位置必须正确、牢靠。

（3）在起顶或下降汽车过程中，禁止在汽车下面进行作业。千斤顶将汽车顶起后，当回油阀处于拧紧状态时，若发生自动下降故障，应立即查找原因，及时排除故障后方可继续使用。

（4）使千斤顶下降时，只需用手柄开槽端将回油阀按逆时针方向微微旋松（不得大于两圈），使汽车缓慢下降，汽车下降速度不能过快，否则易发生事故。

（5）如发生千斤顶缺油，应及时补充规定油液，不能用其他油液或水来代替。

（6）千斤顶禁止用火烘热，以防皮碗、皮圈损坏。

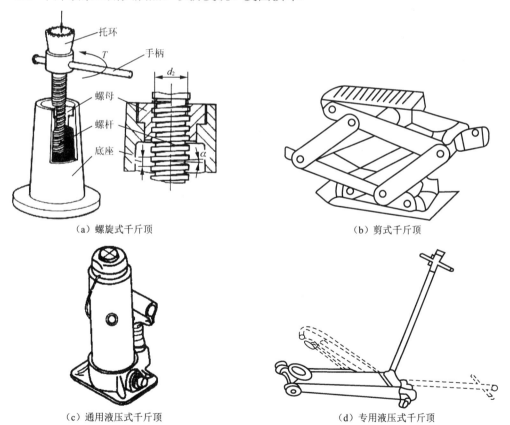

（a）螺旋式千斤顶　　　　　　　　　　（b）剪式千斤顶

（c）通用液压式千斤顶　　　　　　　　（d）专用液压式千斤顶

图 1-38　千斤顶

（7）千斤顶必须垂直放置，以免因油液渗漏而失效。

（8）如果数台千斤顶并用，起升速度应保持同步，且每台千斤顶的负荷应均衡，否则将产生倾倒的危险。

（9）千斤顶适用于直立使用，不能倒置或倒向使用。

（10）千斤顶使用温度为-20℃～45℃，不能用于酸碱及腐蚀性气体的场所。

### 2. 起重吊车

起重吊车是一种用作转运、吊装运动的运输机械，一个工作循环包括起重装置把物体从地面提起，然后水平移动物体，转移到指定地点将物体降下，接着进行反向运动，使取物装置返回原位，以便进行下一次循环。

常用的吊车有门式（图1-39）、悬臂式（图1-40）、单轨式和梁式四种类型。汽车拆装实训中使用最多的是悬臂式吊车，分为机械式和液压式两类。机械式悬臂吊车通过手柄转动绞盘和棘轮，收缩或放长铁链使重物上升或下降，可作短距离移动。液压式悬臂吊车通过油泵来工作，当压力油进入工作油缸内时，推动顶杆外移，使重物起吊；打开回油阀压力下降，工作缸内的油流回油箱，顶杆回缩，使重物下降。

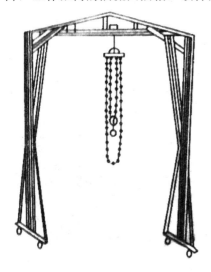

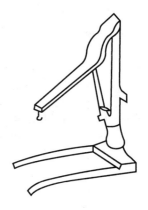

图1-39　门式起重吊车　　　　　　　　　图1-40　悬臂式起重吊车

起重吊车的使用要求如下。

（1）吊运重物不允许超过核定载荷。在吊运过程中，重物在空中悬吊时间不可过长，更不允许将吊件始终悬吊在空中。

（2）钢丝绳及绳扣应安装牢靠。

（3）吊件应尽量靠近地面，以减少晃动。下放吊件时，要平稳，不可过急。

（4）严禁用吊车拖拉非起重范围内的吊件。

### 3. 汽车举升机

汽车举升机是用于汽车维修过程中举升汽车的设备，汽车开到举升机工位，通过人工操作可使汽车举升一定的高度，便于汽车维修。举升机在汽车维修养护中发挥着非常重要的作用，现在的汽车维修厂都配备了举升机，是必备设备。

汽车举升机按立柱数目来分类，主要有单柱式举升机、双柱式举升机、四柱式举升机、剪式举升机和地沟式举升机等。

1）单柱式举升机

单柱式举升机（图 1-41）是将停放在地面上的轿车等交通工具举升到一定的高度进行维修的专用设备，是一种典型的用于汽车及工程车辆的局部举升，以便更换车轮轮胎或对车辆底盘进行各种维修作业的机具。单柱式举升机操作容易、美观，不占用空间便能将重物方便地举起，具有省时省力的效果，不用时完全放置于地面，方便汽车倒车和放置物品，是汽车修理不可缺少的机具。单柱式举升机分为可移动式和固定式两种。单柱移动式举升机适用于室内外场地，单柱固定式举升机适用于室内面积较为紧凑的场所。

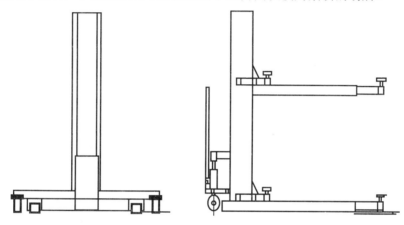

图 1-41　单柱式举升机

2）双柱式举升机

双柱式汽车举升机（图 1-42）是汽车修理和保养单位常用的一种专用机械举升设备，广泛应用于轿车等小型车的维修和保养。双柱式汽车举升机将汽车举升在空中的同时可以节省大量地面空间，方便地面作业。但是双柱式汽车举升机为了最大限度地节省材料，一般都去掉了底板。由于没有底板，使得立柱的扭力需要靠地面来抵消，所以对地基要求很高，若是有横梁（龙门举升机）就靠横梁抵消。

双柱式举升机有对称式和非对称式两种。对称式举升机四根臂的臂长大致相等，这样使得汽车中心（或质心）处于立柱的中间位置，对于皮卡和箱式货车等类型汽车的日常维修来说这种对称式举升机可能是最佳的选择。但是对于一些柱间宽度不够大的对称式双柱举升机来说，汽车举升后不能打开车门是一个很大的缺点。非对称式举升机的立柱向后旋转了一个角度（大约为 30°），并且前臂比后臂稍微短一些。当把汽车停放到这种非对称式举升机的适当位置时，车的位置就向后移动了一些，因此，我们就很容易地从车门进出。而且，这种非对称式举升机转动的立柱，可以确保车辆的重心安全地定位在立柱之间。

3）四柱式举升机

四柱式汽车举升机（图 1-43）是一种大吨位汽车或货车修理和保养单位常用的专用机械举升设备，四柱式汽车举升机也适用于四轮定位，因为一般的四柱式汽车举升机都有一个四轮定位挡位，可以调整，可以确保水平。四柱式举升机按其结构又分为上油缸式和下

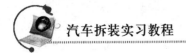

油缸式两种。

图1-42　双柱式举升机

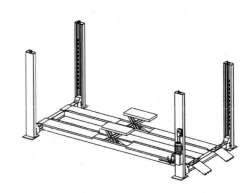

图1-43　四柱式举升机

　　上油缸式四柱举升机主要依靠四根链条拉起四个角，拉力油缸置于顶部，这种结构简单，但自重增加。多数上油缸式四柱举升机二次举升为手动或气动，修理工需要进入举升机底下操作，这对于经常使用二次举升的用户不方便和不安全。保险装置为气动装置，若没有气源则比较麻烦。

　　下油缸式四柱举升机主要依靠四根粗钢索拉起四角，拉力油缸置于平板下面，通过六个圆盘将力传达四面。这种结构比较紧凑，自重降低。二次举升一般为电动液压，与主泵连接在一起，只要转动转换阀即可，升降速度快，保险装置为楔块式，四个楔块利用拉杆联动，扳动拉杆就可打开保险装置，方便耐用。

　　4）剪式举升机

　　剪式举升机（图1-44）执行部件采用剪式叠杆形式，电力驱动机械传动机构，目前广泛用于大型车辆维修。剪式举升机的举升速度适中且不占用车坑位置，对于一些车型相对固定，工作强度大（如公共汽车）的修理领域无疑是最好的选择。而且由于结构简单，同步性好，一般常用做四轮定位仪的平台。

　　剪式举升机分为小剪（单剪）举升机、大剪（子母式）举升机、超薄系列剪式举升机三种类型。

　　（1）小剪举升机主要用于汽车维修保养，安全性高，操作方便，挖槽后与地面相平。

　　（2）大剪举升机用处比较多，是配合四轮定位仪的最佳设备，并可以作为汽车维修、轮胎、底盘检修用。可以挖槽，也可以直接安装在地面上。

　　（3）超薄系列剪式举升机无须挖槽，适用于任何修理厂，有一些楼板上不适合安装二柱举升机及普通四柱举升机，而本机器与楼板接触面广，这样可以安装在任何可以开车的楼板上面，解决客户场地问题。这类机器是今后的主流产品，国外大规模使用本类产品。

　　5）地沟式举升机

　　地沟式举升机（图1-45）是大型客车维修的理想设备，对空间较低的厂房更为实用，且物美价廉。地沟式汽车举升机，安装于地沟两沿边轨道上，一般采用电动驱动方式，蜗杆、蜗轮减速，从而带动丝杆举升大梁升降。这种设计方式使得地沟式举升机移动更灵活，举升力更大，升降平稳，操作安装极为方便，是各种针对大客车、货车进行维修的企业最为理想的举升设备。地沟跑道式四轮定位举升机前轮转角盘（选购件）位置可调，加长后轮滑板，适合各种车型定位测量。

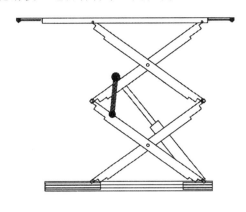

图 1-44　剪式举升机

图 1-45　地沟式举升机

从举升机的驱动类型来分类，目前主要分为气动、液压、机械式三大类，其中尤以液动居多，机械式次之，气动最少。机械式举升机一般多为电机驱动，螺杆传动，不存在漏油污染问题，且自锁保护简单易行，但机械磨损维护成本高（经常需要更换铜螺母及轴承）。液压式举升机的特点是平稳、噪声小、力量大，缺点是用久之后易漏油，污染工作环境，但是维护成本低。因此，液压式举升机将是今后举升机市场发展的主流。

举升机的使用要求与注意事项如下。

（1）使用前应清除举升机附近妨碍作业的器具及杂物，并检查操作手柄是否正常。

（2）操作机构灵敏有效，液压系统不允许有爬行现象。

（3）待举升车辆驶入后，应将举升机支撑块调整移动对正该车型规定的举升点。

（4）支车时，四个支角应在同一平面上，调整支角胶垫高度使其接触车辆底盘支撑部位。

（5）支车时，车辆不可支得过高，支起后四个托架要锁紧。

（6）举升时人员应离开车辆，举升到需要高度时，必须插入保险锁销，并确保安全可靠才可开始车底作业。

（7）举升器不得频繁起落。

（8）支车时举升要稳，降落要慢。

（9）有人作业时严禁升降举升机。

（10）发现操作机构不灵、电机不同步、托架不平或液压部分漏油，应及时报修，不得带故障操作。

（11）作业完毕应清除杂物，打扫举升机周围以保持场地整洁。

（12）定期（半年）排除举升机油缸积水，并检查油量，油量不足应及时加注相同牌号的压力油。应坚持每天检查举升机各传动机构、链条、钢丝绳、锁止装置、各部位润滑及工作情况。

**4．轮胎拆装机**

轮胎拆装机（图 1-46）主要用于无内胎轮胎的拆装。为了保证机器的效率和正常功能，应认真做好清洁和定期保养工作。

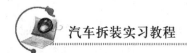

【注意】在进行清洁或维修保养工作之前，一定要先断开电源。

轮胎拆装机的使用要求与注意事项：

（1）使用前应清除轮胎拆装机上及附近妨碍作业的器具及杂物，并检查机器各部分是否正常。

（2）拆卸轮胎时先将轮胎内的气体完全放净，去掉轮辋上所有平衡块。

（3）拆卸轮胎前，反复转动轮胎并操作挤压臂使轮胎和轮辋彻底分离，挤压过程中应防止手、脚伸入挤压臂内。

（4）轮胎搬上拆装台时应避免磕碰设备，踩下踏板锁住轮辋前，应确认卡盘和轮辋之间没有异物，不允许用手指探察轮辋是否放正。

（5）拆装轮胎前应用毛刷在轮胎内圈抹好润滑液，禁止使用矿物油作为润滑液。

（6）拆装轮胎过程中，用撬棍将胎圈挑到拆装头上时，应注意撬棍的用力方向和力度，绝不允许将手伸入撬开的缝隙中。取出撬棍后，才能踩下踏板使卡盘旋转。

（7）轮胎充气前应首先确认轮胎气压表是否正常，充气时一定要注意观察压力表，以免轮胎过压造成人员伤害。

（8）每天工作结束时必须对机体及周边进行清洁、对转动部位注油润滑。

### 5．轮胎动平衡机

轮胎动平衡机（图1-47）是用于检测和调整车轮动平衡的专用仪器，其使用要求如下：

（1）轮胎平衡机在使用前必须检查机体各部分润滑情况，并通过电器部分的自检程序。

（2）轮胎装卸时应防止碰撞平衡机体。

（3）轮胎平衡机开机前，必须检查底座及固定螺母是否锁紧，以防运转时轮胎脱出。

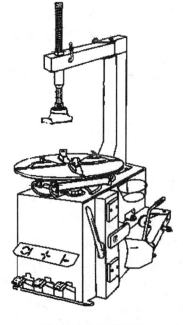

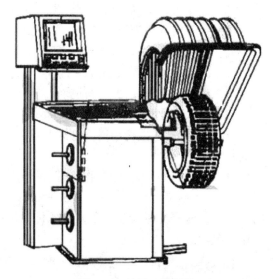

图1-46　轮胎拆装机　　　　　　　　　图1-47　轮胎动平衡机

（4）轮胎平衡机开机前，应仔细清理轮胎花纹中潜入的石子等异物，防止运转时飞出伤人。

（5）轮胎平衡机在运转过程中，不得用手或其他物品接触旋转部位，在轮胎旋转径向两侧均严禁站人，有保护罩的必须正确使用保护罩。

（6）轮胎平衡机在使用过程中，必须确认轮胎完全停止旋转后才能打开防护罩，完全停止转动才能接触轮胎。

（7）在工作过程中，若发现异常现象，必须立刻停机检查，同时采取措施加以排除，否则禁止开机。

（8）镶嵌平衡块时，应确保镶嵌牢固，镶嵌过程中要注意用力方向和力度，避免大力冲击主轴，造成主轴弯曲变形。

（9）设备长时间不用，每周至少转动两次，开关柜内应放置并及时更换防潮材料，启动电动机前应从开关柜断开电缆，用 500V 摇表摇测绝缘电阻，小于 0.5MΩ 时，必须查明原因，方允许开机。

（10）每天工作结束时必须对机体及周边进行清洁、对转动部位注油润滑。

### 6. 空调制冷剂回收加注机

在空调系统的检修过程中，需使用制冷剂回收加注机（图 1-48），其主要进行的维修作业如下。

（1）制冷剂回收：依靠系统内部的压缩过滤装置把空调管路内的制冷剂回收到工作罐内。

（2）制冷剂再生：可分离空调系统内的冷冻油和水分，达到再利用的标准，保证制冷剂的纯净，从而使制冷剂可循环使用。

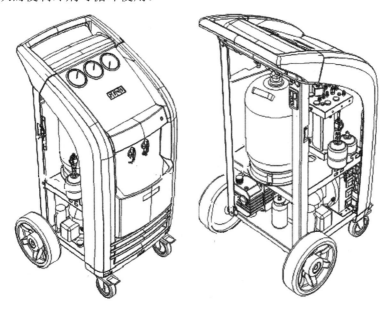

图 1-48　制冷剂回收加注机

（3）制冷剂加注：设定加注制冷剂量，向车辆加入相应量的同类型制冷剂。

（4）空调检漏：检测空调制冷剂管路是否存在泄漏，确保制冷剂管路密封良好。

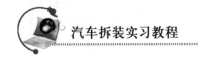 

（5）抽真空：给空调管路及设备管路抽真空。

（6）加注冷冻油：设定冷冻油量，向空调系统加入冷冻油。

## 1.3 紧固件、密封件和轴承件的拆装

在汽车拆装过程中，经常遇到紧固件、密封件、轴承件的拆装，不同的形式在拆装时使用的方法和注意事项各不相同。紧固件包括螺纹紧固、锁止紧固等；密封件包括纸质类、橡胶类和金属类等；轴承件包括滚动轴承、滑动轴承等。

### 1.3.1 螺纹连接件的拆装

在汽车拆装中，螺纹连接件的拆装是最经常的一种工作，约占全部连接件的 50%～60%。螺纹连接件的拆卸一般比较容易，但是如果不注意拆卸方法，容易造成零件损伤，有可能在机件安装、拆卸时遇到许多麻烦问题。此外，螺纹的拧紧程度和次序对装配精度和机器寿命影响很大。

螺纹连接的零件有螺栓、螺钉、紧定螺钉、螺母、垫圈及防松零件（如开口销、止动垫片等）等。连接的主要类型有螺栓连接、双头螺栓连接、螺钉连接和紧定螺钉连接等。

（1）拆装螺纹连接件时，工具选用要正确，拆装顺序和拧紧力矩应符合规定。用扳手拆装螺栓（螺母）时，扳手的开口尺寸必须适合螺栓头部或螺母的六方尺寸，不得过松。旋转时，扳手开口与六方平面应尽量靠合。操作空间允许时，要用一只手握住扳手开口处，避免扳手因用力过大脱出。使用螺钉旋具拆装开槽螺钉时，旋具刀头与螺钉槽口的尺寸必须合适。无论拧紧还是旋松螺钉，均要用力将旋具顶住螺钉，避免损坏螺钉槽口，造成拆装困难。

（2）在螺纹连接件中，垫圈非常重要，既可以保护被连接件的支撑表面，还能防松，因此决不能随意弃之不用，应根据原车要求安装到位。

（3）在向螺栓上拧紧螺母或向螺孔内拧螺栓（螺钉）时，一般先用手旋进一定距离，这样既可以感觉螺纹配合是否合适，又可以提高工作效率。在旋进螺母（螺栓）两圈后，如果感觉阻力很大，应拆下检查原因。如果是因螺纹生锈或夹有铁屑等杂物造成的，清洗后涂少许机油即可解决；如果是因螺纹乱牙造成的，可用板牙或丝锥修整一下；如果是因粗、细螺纹不相配造成的，应重新选配。

（4）在发动机缸体上有许多不通的螺纹孔（盲孔），在旋入螺栓前，必须清除孔中的铁屑、水、油等杂物，否则螺栓将不能拧紧到位。如加力拧进，有可能造成螺栓断裂及缸体开裂等后果。

（5）对不同规格的螺栓、螺母，拆下后应分别放置，装复时需注意螺纹的规格。拆卸时禁止用锤子击打螺栓、螺母及扳手，装螺纹副时不得偏斜，以免损坏螺纹。

（6）锈死螺栓的拆卸。

① 先将螺母旋进少许后再退出，反复松动，然后试着将螺栓拧出。

② 用手锤震击螺母，借以震碎锈层，以便拧出螺栓。

③ 在螺母与螺杆间加注汽油或煤油，浸润 20～30min，让油渗透到锈层中去。同时，用手锤在螺母四周轻击，使锈层松动，再设法将螺栓或螺母拧出。

④ 用喷灯或气焊枪对准螺母加热，使其膨胀，趁螺栓尚未热时，迅速拧出。

⑤ 有条件的可使用除锈剂。

（7）断头螺栓的拆卸。

① 螺栓断头露出工件表面有一定长度的，可在断头螺栓上加工出一个能承受转矩的部位，然后将其拧出。如在断头螺栓露出部分锯一槽口并用旋具拧出螺栓。

② 螺栓断在螺孔内，可在螺栓端面上钻一个适当的孔，然后打入淬火棱锥以旋出断头螺栓。或在断头螺栓所钻的孔内攻出反向螺纹，并拧入反向螺纹螺钉，按一般拆卸螺栓的方法将断头螺栓拧出。如果条件允许，也可将断头螺栓钻掉，然后重新攻制加大的螺孔。

③ 断头螺栓露出工件少许，除用拆卸螺栓断在螺孔内的方法外，也可以在断头上焊一螺母，然后按一般拆卸螺栓的方法拧出断头螺栓。

（8）双头螺栓的拆卸。双头螺栓的拆卸要用专用的拆卸工具。如果没有专用的拆卸工具，可用双螺母法拆卸，即在双头螺栓的一端拧上一对螺母，相互锁紧，然后用扳手把它连同双头螺栓一起旋下。

（9）成组螺纹连接件的拆卸。

① 为了防止因受力不均匀而造成零件变形、损坏，按规定顺序先四周、后中间并按对角线拆卸。先将各螺栓拧松 0.5～1 圈，尽量对称拆卸，以免力量最后集中在某一个螺栓上，从而造成零件难以拆卸和变形。

② 应先拆下难拆的螺栓或螺母，否则会因为产生微量变形和零件位置移动而使拆卸变得更加困难。

③ 对于拆卸后会因受重力而下落的零件（悬臂件），应特别注意安全。除仔细检查是否垫稳、起重索是否捆牢外，应先从下面开始按对称位置拧松螺栓。最上部的一个或两个螺栓应在最后分解吊离时取下来，以免造成事故或损伤零部件。

（10）对于有预紧力的螺纹连接件，如汽缸盖螺栓，拆卸有困难时，不能硬拆，应用手锤敲打、振松后再拆，且用力要均匀，也可先向相反方向旋转。对于双头螺栓，安装时要用力均匀，旋转至规定的预紧力。

## 1.3.2 锁止件的拆装

锁止件用来锁止螺栓、螺母等紧固件，还可锁止游动件、运动件的装配位置，以保证部件在一定位置的工作性能不受运动影响。销类锁止件有锁销、开口销、横销等；环形锁止件有活塞销卡环、轴承卡环和锁环等；垫类锁止件有弹簧垫圈、锥形垫圈、平垫圈和锁止垫圈等。

锁止件在拆装过程中应注意以下事项。

（1）锁销安装时要到位，不能过长、过短或弯曲，不合要求的应予更换。

（2）开口销与孔径大小应相适应，销尾如过长应适当剪掉，装复后两片都应翻卷。

（3）横销不能过细或过粗，应与孔径相适应。装配时用锤子在横销尾部轻轻敲入后，再装上弹簧垫圈及锁紧螺母，并拧紧。

（4）活塞销卡环、轴承卡环、齿轮轴锁环等均应与运动件有一定的间隙，否则运动件会将卡环或锁环挤断或挤脱，造成事故。

（5）一般的螺栓、螺母都要装配弹簧垫圈和平垫圈，平垫圈与机件接触，螺栓、螺母拧紧后，机件、平垫圈及弹簧垫圈之间应无缝隙。

（6）锥形垫圈应于特定位置装配，如半轴螺栓。

（7）锁止垫圈装在机件与螺母之间，螺母按规定力矩拧紧后，应将锁片卷贴在螺母上，以防螺母松脱。锁止件装上后，应不影响机件的工作性能，否则应重装。

### 1.3.3 常用密封件的拆装

常用密封件的种类、特点及应用如表 1-1 所示。

表 1-1 常用密封件的种类、特点及应用

| 类型 | 分类 | 特点 | 应用 |
|---|---|---|---|
| 纸质类 | 纸板垫 | 有一定的伸缩性和耐油性，耐水性与耐热性极差且强度低 | 用于金属体较厚、结合面较平整，对温度和强度要求不高的部位。如变速器、主减速器总成的密封衬垫 |
| | 石棉纸板垫 | 具有一定的伸缩性、阻燃耐热性，强度比纸板垫高，导热性差 | 用于平整度较好的部位。如汽油泵、汽油滤清器等处的衬垫 |
| | 软木垫 | 质轻、柔软，具有较好的伸缩性，耐油性和耐水性也较好 | 用于结合面不够平整的部位。如气阀室盖衬垫、油底壳衬垫、水泵衬垫 |
| 橡胶类 | 橡胶垫圈、密封胶条、橡胶密封圈 | 橡胶垫柔软、弹性好，具有较好的伸缩性和一定的韧性 | 用于密封要求较高、机件结合面不够平整的部位。如气门室罩衬垫、油底壳衬垫、水泵衬垫、驾驶室玻璃密封条等 |
| | 橡胶油封 | 具有较好的耐油性、耐热性、耐磨性和使用可靠性 | 可作为曲轴、变速器、减速器、传动轴、轮毂等部件中高速运转件的油封 |
| 金属类 | 汽缸垫、进排气歧管垫、排气管接口垫等 | 具有较高的耐热性、耐腐蚀性和伸缩性，并有足够的强度 | 可作为缸盖垫片、排气管接口垫及进排气歧管垫等 |

密封件在拆装过程中应注意以下事项。

（1）如垫片在拆装中损坏，需将机体上的残留物刮干净，新垫片装上后，应对称分几次拧紧螺栓。

（2）橡胶和毛毡类油封装复时，应在油封的刃口涂一层润滑油，转动轴数圈后，再对称拧紧油封盖螺栓，使油封与轴颈保持同轴，以延长油封的使用寿命。

（3）汽车金属垫一般均有装配方向的要求，装复时必须按规定的方向放置，并按规定的力矩和顺序分几次拧紧螺栓。

（4）各种衬垫应尽量不涂密封胶，以减小再次拆卸的难度。

（5）橡胶类垫与软木纸板垫装复时，可涂些油脂或密封涂料，紧固螺栓要对称分次拧紧。

（6）油封在拆装时要根据油封的外形与安装位置来选择专用工具，否则将导致油封损坏。安装油封时，使用导向装置压入油封，也可选用圆柱形油封压入装置将油封装入。

（7）安装整体式油封时，应先将油封槽内擦洗干净，涂上一层密封胶，并在唇口上涂好润滑油。

### 1.3.4　轴承件的拆装

（1）球轴承、圆柱滚子轴承在拆卸时要选用合适的拉器，而安装时可用专用压具将其压入，也可用铜棒和锤子将其敲入，也可用非金属锤（橡胶锤、木锤或塑料锤）敲入安装。

（2）当敲击安装轴承时，若轴承安装到位会发出清脆的响声，此时应停止敲击，否则会损坏机件。

（3）滚针轴承的外壳可用锤子震出拆卸，而安装时可用专用的压具将其压入，也可用铜棒和锤子将其敲入，也可用非金属锤敲入安装到位。

（4）一般轴瓦与止推垫片非常便于拆卸，拆时可用手直接取下。当不好拆卸时，可用一字旋具小心地插入轴承盖的狭缝中，将轴承往外撬进行拆卸。

（5）安装轴瓦与止推垫片时，要在其表面涂上机油。

【注意】不能在轴承的背面涂机油，因为其会妨碍传导轴承工作时产生的热量。

# 第2章 发动机的拆装

## 2.1 发动机总成拆装

### 2.1.1 放净发动机冷却液和润滑油

放净发动机冷却液和润滑油的步骤如下。

（1）拆下油底壳下的导流板。

（2）在发动机下放置一容器放出冷却液，松开散热器下水管抱箍，拆下散热器的下水管，如图2-1所示。

（3）放置好盛油容器，拆下油底壳放油螺栓，放净油底壳中的润滑油，然后装回放油螺栓。

【注意】润滑油应该趁热放出。

（4）松开散热器的上水管抱箍，拆下散热器的上水管。

（5）拆下电动散热风扇的固定螺栓，拆下风扇和散热器。

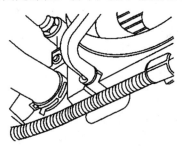

图 2-1　拆下散热器的下水管

### 2.1.2 拆下电器附件及导线插接器

拆下电器附件及导线插接器步骤如下。

（1）拆下蓄电池的正、负极线。

（2）拆下电动散热风扇和热敏开关上的导线插接器，如图2-2和图2-3所示。

（3）拆下发电机导线插接器，使其与导线脱开。

（4）拆下启动机导线，并给导线做好记号，以便安装。

（5）拔下水温传感器、机油压力报警器、爆震传感器、氧传感器、曲轴位置传感器、进气压力传感器、节气门位置传感器等传感器的导线插接器。

【注意】标记各传感器导线名称，以便安装。

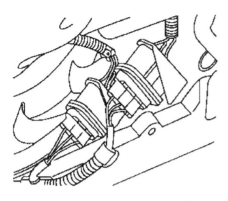

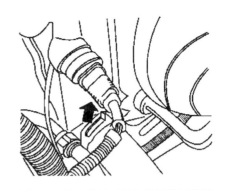

图 2-2　拆下散热风扇的导线插接器　　　　图 2-3　拆下热敏开关上的导线插接器

（6）拆下活性炭罐电磁阀的导线插接器，如图 2-4 所示。从空气滤清器侧拆下活性炭罐电磁阀。

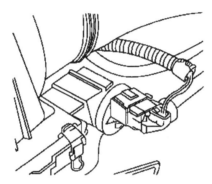

图 2-4　拆下活性炭罐电磁阀的导线插接器

（7）分别拔出发动机电控单元两插接器的卡簧手柄，拆下两导线插接器。

### 2.1.3　拆下发动机周围的连接装置

拆下发动机周围的连接装置步骤如下。

（1）松开节气门拉索（按如图 2-5 所示的箭头方向进行），从进气软管上拔下通往活性炭罐电磁阀和通往真空助力器的真空管。

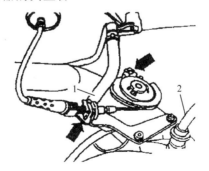

图 2-5　拆下节气门拉索和真空管

1—通往活性炭罐电磁阀的真空管；2—通往真空助力器的真空管

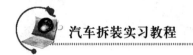

（2）拆下空气滤清器至节气门体之间的空气软管。

（3）拔下空气流量计导线插接器，如图2-6所示。

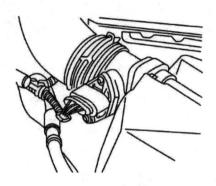

图2-6　拆下空气流量计的导线插接器

（4）拆下空气流量计固定螺栓，从空气滤清器上拆下空气流量计。

（5）取下空气滤清器侧的装饰罩。

（6）拆下空气滤清器盖，取出空气滤清器滤芯。

（7）拆下进气歧管罩固定螺栓，取下进气歧管罩。

（8）拆下曲轴箱通风软管。

（9）拔下节气门拉索上的片簧插片，从节气门控制臂上拆下节气门操纵拉索。

（10）拆下节气门操纵拉索支架。

（11）拆下发动机底部和汽缸盖上通向暖风热交换器的冷却液软管，拆下膨胀水箱。

（12）从分油管上拆下进油管和回油管，如图2-7所示。

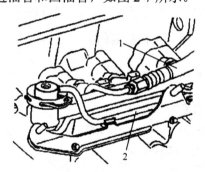

图2-7　拆下进油管和回油管

1—进油管；2—回油管

【注意】燃油系统是有压力的，在打开系统之前先在开口处放置抹布，然后小心地松开接头放出压力，防止燃油喷出。

### 2.1.4　拆下发动机附件

拆下发动机附件的步骤如下。

（1）使用扳手顺时针方向扳动张紧轮，使传动带松开，并用销钉固定张紧轮，如图2-8所示。

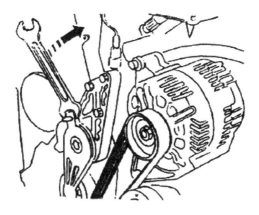

图 2-8 扳动张紧轮，松开传动带

（2）从发电机上取下传动带，取下销钉。

【注意】拆下传动带前做好传动方向记号，装复使用时应按原来方向装回，以免损坏传动带。

（3）从张紧轮上再取下传动带。

（4）松开水泵传动带轮的螺栓，取下传动带轮。

（5）从支架上拆下水泵。

（6）拆下排气歧管和排气管的连接螺栓。

## 2.1.5 发动机总成的装复

发动机总成的装复步骤如下。

（1）装上水泵，装上传动带。

（2）使用扳手按顺时针方向扳动传动带张紧轮，使张紧轮张开，用销钉紧固张紧轮。

（3）将传动带安装到位后，用扳手按顺时针方向扳动传动带张紧轮，取下张紧轮的销钉。

（4）装上热交换器的冷却液软管。

（5）装上节气门操纵拉索，调整拉索使其活动灵活。

（6）装上分油管上的进油管、回油管，装上曲轴箱通风软管。

（7）装上进气歧管罩并用固定螺栓固定。

（8）装上空气滤清器罩壳、空气流量计、空气滤清器，以及空气管路。

（9）插上炭罐、空气助力器的真空管。

（10）装上风扇和散热器。

（11）装上汽缸盖后冷却液管凸缘与上冷却液管之间的冷却液软管。

（12）装上发动机出水口与散热器之间的冷却液软管。

（13）装上发动机控制单元的两导线插接器，并推入卡簧手柄。

（14）装上活性炭罐电磁阀，插上空气流量计、活性炭罐电磁阀、氧传感器、进气温度传感器的导线插接器。

（15）装上发电机的电线。

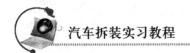

（16）装上曲轴位置传感器、水温传感器、机油压力报警器、爆震传感器、氧传感器等传感器的导线插接器。

（17）装上电动散热风扇和热敏开关上的导线插接器。

## 2.2　曲柄连杆机构的拆装

### 2.2.1　桑塔纳 AFE 型发动机分解

按发动机附件、汽缸盖、油底壳、活塞连杆组和曲轴飞轮组的顺序，进行桑塔纳 AFE 型发动机解体，观察曲柄连杆机构的结构。

#### 1．分解机体组总成

（1）拆下发电机。旋松撑紧壁的紧固螺栓，调整螺母紧固螺栓，拧动调整螺母，使发电机靠近发动机一侧，取下 V 形皮带，从发动机前端卸下发电机与发动机的连接螺栓，然后取下发电机。

（2）取下进气歧管和排气歧管。

（3）拆卸正时齿带。先拆下齿形带护罩，转动曲轴使一缸活塞处于压缩行程上止点；然后检查正时记号：凸轮轴正时齿带轮上的标记必须与气门罩盖平面对齐；最后拆下张紧装置，拆下正时齿带，如图 2-9 所示。

【注意】

① 务必标明齿形皮带的方向。

② 在转动凸轮轴时，曲轴不可位于上止点位置，以防气门碰坏活塞顶部。

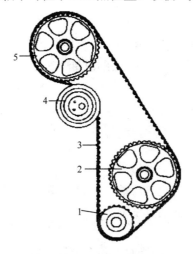

图 2-9　正时齿带的拆卸

1—曲轴正时齿带轮；2—中间轴正时齿带轮；3—正时齿带；4—张紧轮；5—凸轮轴正时齿带轮

（4）拆卸分电器。拔下各缸火花塞高压线，拧下分电器固定螺栓，取下分电器。

（5）拆卸水泵。拆下水泵固定螺栓，取下水泵。

（6）拆卸汽缸盖。先卸下气门室罩盖，分批并按由四周向中心、对角线顺序旋松汽缸盖螺栓（具体顺序如图 2-10 所示），以防缸盖变形。拆下汽缸盖螺栓，用橡皮锤或铜棒锤松缸盖，取下缸盖与汽缸盖衬垫。

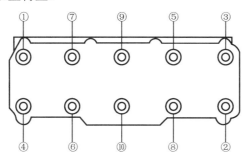

图 2-10　汽缸盖螺栓的拆卸顺序

① 观察汽缸盖结构：注意汽缸盖的结构类型，燃烧室的结构，水套、润滑油道的方向。

② 观察汽缸体结构：注意缸体的结构形式，汽缸的排列形式，水套、润滑油道、汽缸套等的方向。

（7）拆卸油底壳。

① 翻转发动机，拆卸油底壳固定螺钉。

② 拆下油底壳和油底壳密封垫。

③ 旋松机油粗滤清器固定螺钉，拆卸机油滤清器和机油泵。

图 2-11 所示为 AFE 型发动机曲柄连杆机构简图，其具体拆卸过程可参照此图进行。

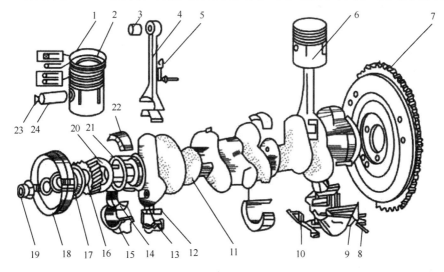

图 2-11　AFE 型发动机曲柄连杆机构简图

1—气环；2—油环；3—连杆衬套；4—连杆；5—连杆螺栓；6—活塞；
7—飞轮；8—曲轴后主轴承盖；9—曲轴后主轴承油封座；10—螺栓扣片总成；11—曲轴；
12—连杆轴瓦；13—连杆盖；14—曲轴主轴瓦；15—主轴承盖；16—曲轴齿轮；17—曲轴前挡油盘；
18—曲轴带轮；19—曲轴启动爪；20、21—止推前垫圈；22—止推后垫圈；23—活塞销锁环；24—活塞销

## 2．活塞连杆组的拆卸

（1）转动曲轴，使发动机 1 缸、4 缸活塞处于下止点。分别拆卸 1 缸、4 缸的连杆紧固

螺母，取下连杆轴承盖。

【注意】连杆配对记号，并按顺序放好。

（2）用橡胶锤或铜棒分别推出 1 缸、4 缸的活塞连杆组件，用手在汽缸出口接住并取出活塞连杆组件。

【注意】活塞安装方向。

（3）将连杆轴承盖、连杆螺栓、螺母按原位置装复，不同缸的连杆不能互相调换。用同样方法拆卸 2 缸、3 缸的活塞连杆组。

【注意】

① 拆下活塞连杆组以后，注意连杆与连杆轴承盖和活塞上的记号应与汽缸的序号一致。若无记号，必须重新标记。

② 对活塞做标记时，应从发动机前端向后打上汽缸号，并打上指向发动机前端的箭头。

（4）用活塞环拆卸专用工具——活塞环拆装钳依次拆下各道活塞环，如图 2-12 所示。

（5）用尖嘴钳取出活塞销卡簧，用拇指压出活塞销，或用专用冲头将其冲出，如图 2-13 所示。

图 2-12　拆卸活塞环

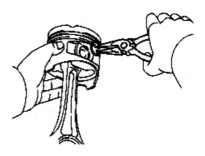

图 2-13　拆卸活塞销

（6）取出连杆轴瓦。

### 3．曲轴飞轮组的拆卸

图 2-14 所示为 AFE 型发动机曲轴飞轮组的分解图，其具体拆卸过程可参照此图进行。

（1）旋松飞轮紧固螺栓，拆卸飞轮。

【注意】飞轮拆卸时，需使用专用工具卡住飞轮齿圈，拧下飞轮紧固螺栓，从曲轴上拆下飞轮，如图 2-15 所示。

（2）拆卸曲轴前端和后端密封凸缘及油封。

（3）按从两端到中间的顺序旋松曲轴主轴承盖紧固螺栓，如图 2-16 所示。

【注意】注意检查主轴承盖上的位置标记，如无应做好安装位置标记。记好主轴承盖的装配记号与朝向，不同缸的主轴承盖及轴瓦不能互相调换。

（4）抬下曲轴，再将主轴承盖及垫片按原位装复，并将固定螺栓拧入少许。

### 4．曲轴飞轮组的安装

（1）在曲轴主轴承座上安装并定位好轴瓦（轴瓦上油孔应与座上油道孔对准），然后在轴瓦表面涂上一层薄润滑油。

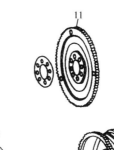
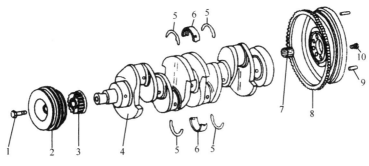

图 2-14　AFE 型发动机曲轴飞轮组分解

1—曲轴 V 形带轮、正时齿带轮的轴向紧固螺栓；2—V 形带轮；3—曲轴正时齿带轮；4—曲轴；
5—半圆形止推环；6—主轴瓦；7—滚针轴承；8—飞轮齿圈；9—定位销；10—飞轮紧固螺栓；11—飞轮

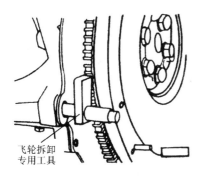

图 2-15　飞轮的拆卸

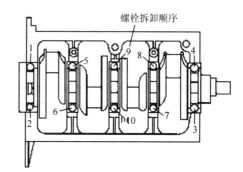

图 2-16　曲轴主轴承盖螺栓拆卸顺序

（2）将曲轴安装在主轴承座内，将不带油槽的主轴瓦装入主轴承盖，把各道主轴承盖按原位装在各道主轴颈上，并按规定拧紧力矩，依次拧紧主轴承盖螺栓。螺栓不得一次拧紧，需经 2～3 次完成。拧紧顺序应按从中间向两边交叉、对称进行，如图 2-17 所示。拧紧后转动曲轴，以便安装活塞连杆组。

【注意】

① 曲轴推力轴承的定位及开口的安装方向。

② 在新油封唇部涂润滑脂，然后用专用油封安装工具和锤子敲入油封，直至其端面与油封边缘齐平。

（3）将曲轴前端正时齿轮、挡油片等装上。

（4）将飞轮安装于曲轴后端轴凸缘盘上，如图 2-18 所示。

【注意】安装时对齐原定位标记，然后紧固螺母。螺母紧固时应对角交叉进行，并按拧紧力矩 60N·m+90°拧紧。

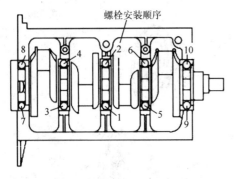

螺栓安装顺序

图 2-17　曲轴主轴承盖螺栓安装顺序

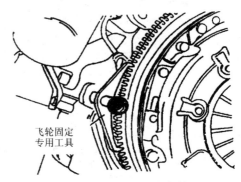

飞轮固定
专用工具

图 2-18　飞轮的固定安装

### 5．活塞连杆组的安装

（1）将活塞销和连杆小头孔内（已装好铜套）涂上一层薄润滑油，然后将活塞放入 60℃以上热水内加热，取出活塞，迅速用专用工具将活塞销压入销座和连杆小头孔内，使连杆活塞连接。如果有活塞销卡环，用尖嘴钳将其装上。

【注意】在垂直状态时，活塞销不能在自重作用下从销座孔中自行滑出，用手晃动活塞销时应无间隙感，这表明活塞销与销座孔配合适宜。

（2）用活塞环装卸钳依次装上活塞油环和各道密封环。

【注意】

① 安装时扭曲环方向不可装反（环的内圆边缘开槽其槽口应向上，一般装第一道环；外圆边缘开槽其槽口向下，一般装二、三道环槽）。

图 2-19　不同大小的活塞环压缩器

② 安装时，应使活塞环开口错开 120°角，有"TOP"记号的一面必须朝向活塞顶部。

（3）将各道环端隙按一定角度钳开，三道环按 120°角钳开，第一道环的端隙应避开活塞销座及侧压力较大一侧。

（4）用活塞环压缩器（图 2-19）将活塞环箍紧，用橡胶锤或铜棒轻敲活塞顶部，使其进入汽缸，推至连杆大端与曲轴连杆轴颈连接。装上连杆轴承盖，并在接触面上涂以润滑油，再按规定力矩 30 N·m 和按 180°角拧紧连杆螺栓螺母。

【注意】

① 活塞与连杆的安装标记。

② 安装连杆时，浇铸的标记需朝向 V 形带轮方向（发动机前方）。

③ 活塞顶部的箭头应朝向发动机前端。

④ 连杆轴瓦安装时注意其定位及安装位置。

⑤ 连杆轴承盖安装时也应注意安装标记和缸号，不得混装。

### 6．机体组安装

（1）放倒发动机，装上油底壳衬垫及油底壳。拧紧油底壳螺栓时应由中间向两端交叉进行。

（2）竖直发动机，安装汽缸垫和汽缸盖。汽缸盖螺栓应由中间向两端（图 2-20）交叉均匀分 4 次拧紧。发动机为冷态时，汽缸盖紧固螺栓的拧紧力矩如表 2-1 所示。

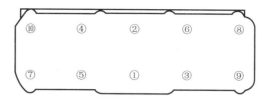

图 2-20 汽缸盖螺栓的拧紧顺序

表 2-1 AFE 型发动机冷态时汽缸盖紧固螺栓的拧紧力矩

| 次数 | 拧紧力矩/N·m |
|------|--------------|
| 第 1 次 | 40 |
| 第 2 次 | 60 |
| 第 3 次 | 75 |
| 第 4 次 | 再用扳手拧紧 90°（1/4 圈） |

（3）安装凸轮轴及摇臂机构，安装汽缸盖罩等。

（4）将所拆其他非曲柄连杆机构部件安装到发动机上。

（5）检查有无遗漏未装部件，检查整理好工具。

## 2.2.2 桑塔纳 AJR 型发动机

AJR 型发动机与 AFE 型发动机相比，在很多系统上的结构变化不大，通用零部件也较多。图 2-21 所示为桑塔纳 AJR 型发动机结构示意图，图 2-22 所示为 AJR 型发动机附件位置示意。

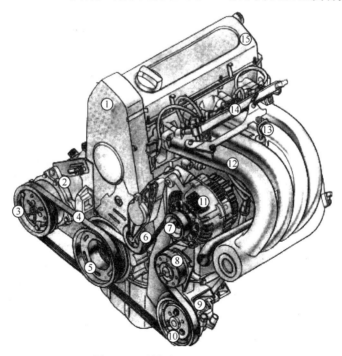

图 2-21 桑塔纳 AJR 型发动机

1——正时皮带护罩；2—空调压缩机；3—空调压缩机带轮；4—多楔带；5—曲轴带轮；6—张紧轮；7—发电机带轮；8—导向轮；9—动力转向油泵；10—动力转向泵带轮；11—发电机；12—进气歧管；13—油尺；14—燃油分配管；15—汽缸盖罩

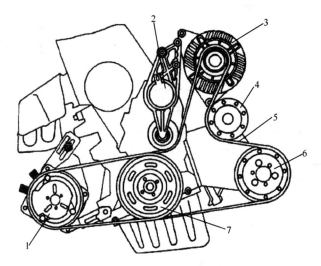

图 2-22　AJR 型发动机附件位置

1—空调压缩机；2—张紧装置；3—交流发电机；4—导向轮；5—锯齿形皮带；6—动力转向泵；7—曲轴皮带轮

**1．机体组的拆卸**

（1）拆下同步带。

（2）拆下进、排气歧管。

（3）拆下正时皮带。

（4）卸下汽缸盖。

按如图 2-10 所示数字的顺序从外到内拆下汽缸盖的固定螺栓，抬下汽缸盖，取下汽缸垫。

【注意】汽缸垫的安装朝向。

（5）拆卸油底壳。

① 旋松油底壳的放油螺栓，放出油底壳内的机油。

② 翻转发动机，拆卸油底壳固定螺栓（注意：螺栓也应从两端向中间旋松）。

③ 拆下油底壳和油底壳密封垫。

（6）旋松机油粗滤清器固定螺栓，拆卸机油滤清器、机油泵链轮和机油泵。

**2．活塞连杆组的拆卸**

（1）摇动曲轴使第 1 缸、4 缸活塞处于下止点位置，拧松 1 缸、4 缸连杆螺母，取出连杆轴承盖后，推动连杆杆身，使连杆杆身连同活塞、活塞环一起从汽缸上部抽出。将连杆杆身与连杆轴承盖按原配合情况装合。

【注意】拆下时应检查活塞连杆组上的缸位标记，若无标记，则需做上缸位标记，以防装错位置。

（2）用同样方法拆下 2 缸、3 缸活塞连杆组件。

（3）用活塞环拆装钳拆下活塞环，如图 2-12 所示。

（4）用尖嘴钳拆下活塞销两端的卡簧，如图 2-13 所示。

（5）用锤子和专用工具拆卸活塞销（图2-23），使活塞与连杆分离。

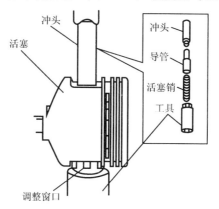

图 2-23　拆卸活塞销

（6）拆下连杆大头的螺栓、螺母，取下连杆轴承盖，并将连杆轴承盖、轴瓦按各缸次序放好。

**3. 曲轴飞轮组的拆卸**

（1）旋松飞轮紧固螺栓，拆卸飞轮（飞轮较重，拆卸时注意安全）。

（2）拆卸曲轴前端及后端密封凸缘及油封。

（3）按如图 2-16 所示的螺栓序号从两端到中间旋松曲轴主轴承盖紧固螺栓，取下主轴承盖。

【注意】各缸主轴承盖有装配标记，不同缸的主轴承盖及轴瓦不能互相调换。

（4）抬下曲轴，再将主轴承盖及轴瓦按原位装复，并将固定螺栓拧入少许。注意曲轴推力轴承的定位及开口的安装方向。

**4. 曲轴飞轮组的装配**

（1）在曲轴各道主轴颈上涂以润滑油，在发动机机体上安装曲轴主轴瓦和推力轴承，并在轴瓦表面涂抹润滑油。

（2）将曲轴平稳放入主轴瓦上，注意推力轴承不要脱落或阻卡。

（3）将主轴瓦装入主轴承盖中，再把主轴承盖固定于发动机机体上，按图 2-17 所示主轴承盖螺栓的安装顺序分别拧紧各道主轴承盖的螺栓。AJR 型发动机主轴承盖螺栓的拧紧力矩为 65N·m 和按 90°角拧紧螺栓。

【注意】每紧一道主轴承盖螺栓，都应转动曲轴几圈，转动中不得有过重现象。装配完毕，用手摇转曲轴，应该感觉轻松自如，无阻卡。

（4）安装曲轴前、后油封。

【注意】装油封前应在油封外壳涂一层密封胶，油封唇口涂以润滑油。

（5）安装飞轮部件。

采用专用工具固定飞轮（图2-18），按要求拧紧飞轮固定螺栓（AJR 型发动机拧紧力矩为 60N·m 和按 90°角拧紧螺栓）。

【注意】做好飞轮与发动机相对位置的标记。

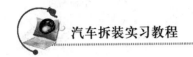

**5．活塞连杆组的装配**

（1）转动拆装台支架，使缸体平卧。

（2）按装配标记将活塞与连杆装复，可将活塞加热到 60℃后安装活塞销。

【注意】活塞上的朝前标记（图 2-24）与连杆上的朝前标记应在同一侧。

（3）用尖嘴钳装上活塞销卡簧，如图 2-25 所示。

【注意】活塞销两端面与活塞销卡簧之间有一定的间隙，卡簧应卡入 2/3 环槽深度以上。

图 2-24　活塞标记

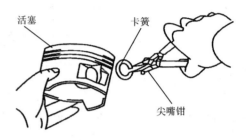

图 2-25　安装活塞销卡簧

（4）用活塞环拆装钳装上活塞环。

【注意】活塞环的装配标记"TOP"必须朝上。

（5）在活塞环上涂以润滑油，再将第一压缩环的开口方向与第二道压缩环的开口方向错开 180°，第一道环开口方向与活塞销中心错开 45°，油环的两片刮片的开口方向互相错开 180°，油环刮片开口方向与压缩环的开口方向错开 90°。

（6）在各缸壁内涂以润滑油，再分别在活塞裙部、活塞销和连杆轴瓦表面涂以润滑油。

（7）转动曲轴使 1 缸、4 缸连杆轴颈处于下方位置，再将这两缸的活塞连杆组件装入汽缸。

【注意】连杆的朝前标记必须朝向发动机同步带端。

（8）用活塞环压缩器抱紧活塞后，再用橡胶锤或铜棒将活塞连杆组件轻轻打入汽缸中。当连杆大头接近曲轴轴颈时，要用手托住连杆大头，并继续敲击活塞顶部，使之装配到位。

（9）装上连杆轴承盖，装上连杆螺栓、螺母，安装时先润滑螺纹和接触表面，并予以 30N·m 的力矩和按 90°拧紧连杆螺栓。

【注意】连杆轴承盖上的标记应朝向发动机同步带端。每装好一道连杆，都应转动曲轴几圈，转动中应无卡滞和过重现象，否则应查明原因，予以排除。

（10）以同样方法和要求装复 2、3 缸的活塞连杆组件，任意缸组装位置如图 2-26 所示。

**6．机体组的装配**

（1）安装机油粗滤清器、机油泵链轮和机油泵，装回油底壳密封垫和油底壳。

【注意】油底壳紧固螺栓应从中间向两端旋紧，拧紧力矩为 16 N·m。

（2）翻转发动机，安装汽缸垫和汽缸盖，按规定力矩（AJR 型发动机汽缸盖螺栓先初步拧紧，再拧紧到 40N·m，第三次再将螺栓旋紧 180°）紧固螺栓。

【注意】

① 汽缸垫的安装朝向为有配件号的一面朝上，如图 2-27 所示。

② 汽缸盖螺栓应由中间向两端（图 2-20）交叉均匀拧紧。

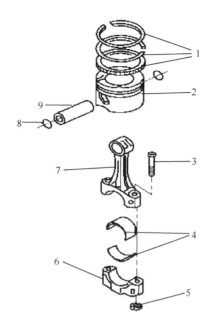

图 2-26　活塞连杆组件安装

1—活塞环；2—活塞；3—连杆螺栓；4—连杆轴瓦；5—连杆螺母；6—连杆轴承盖；7—连杆；8—卡簧；9—活塞销

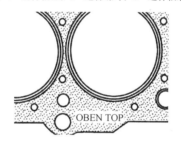

图 2-27　汽缸垫的标记

## 2.2.3　曲柄连杆机构拆装注意事项

（1）拆卸、安装活塞时一定要注意各缸记号，若无记号，则必须做标记。

（2）拆卸连杆和连杆轴承盖时，应打上所属汽缸号。

（3）取活塞连杆组时，可用铜棒直接推出。活塞连杆组抽出后，应立即把连杆轴承盖、轴瓦和连杆螺栓按原位置装复。

（4）拆下的活塞环应按顺序放好，汽缸垫和纸垫应妥善保管。

（5）安装活塞销时要用专用工具或加热到 60℃进行。

（6）活塞销挡圈开口要与活塞销孔上的缺口错开，三道活塞环的开口要错开 120°。

（7）拆卸曲轴主轴承盖时，注意拆卸顺序，安装曲轴主轴承盖时，由中间到两边成对角线分批次拧紧。

（8）曲轴后端滚针轴承有标记的一面应朝外，注意曲轴与飞轮的相对位置。

（9）拆下飞轮时，为防止飞轮松脱突然落下伤人，飞轮螺母旋松后不要急于拿掉。

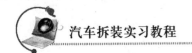

（10）安装飞轮时，齿圈上的标记与一缸连杆轴颈在同一个方向上。

（11）如果螺栓锈蚀拆不下来，千万不要用铁器硬撬，以免损坏部件。具体解决措施，可往缸盖螺孔中注入螺栓松动液浸泡片刻，即可顺利拆下。

## 2.3　配气机构的拆装

### 2.3.1　桑塔纳 AFE 型发动机

图 2-28 所示为桑塔纳 AFE 型发动机配气机构示意图。整个配气机构由气门组（进气门、排气门、气门座、气门导管、气门弹簧、座圈、气门锁片及气门油封等）和气门传动组（凸轮轴、液压挺杆、凸轮轴正时齿带轮及正时齿带等）组成。

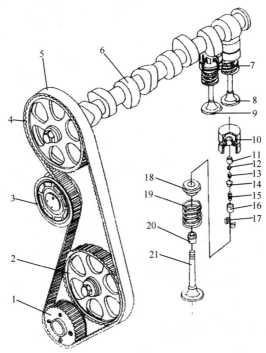

图 2-28　桑塔纳 AFE 型发动机配气机构示意

1—曲轴正时齿带轮；2—中间轴正时齿带轮；3—张紧轮；4—凸轮轴正时齿带轮；5—正时齿带；
6—凸轮轴；7—液压挺杆组件；8—排气门；9—进气门；10—挺柱体；11—柱塞；12—止回阀钢球；13—小弹簧；
14—托架；15—回位弹簧；16—油缸；17—气门锁片；18—上弹簧座；19—气门弹簧；20—气门油封；21—气门

**1．配气机构的拆卸**

配气机构的拆卸步骤如下。

（1）拆下气门罩盖，拧下气门罩盖的螺母，依次取下支架、压条、气门罩盖、气门罩盖衬垫和润滑油反射罩。

（2）拆下同步带护罩。

（3）转动曲轴使凸轮轴同步带轮位于第 1 缸上止点标记。

（4）转动曲轴到第一缸上止点，检查并做好正时记号。

（5）松开半自动张紧轮，从凸轮轴同步带上拆下同步带。

（6）先拆下第 1、3、5 号轴承盖，然后对角交替松开第 2、4 号轴承盖。

（7）拆下凸轮轴。

（8）取下液压挺柱总成。

（9）用专用工具——气门弹簧拆装钳，如图 2-29 所示，将气门弹簧座压下，取下气门锁片，取出气门弹簧及气门。

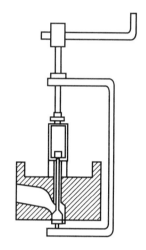

图 2-29　气门弹簧拆装钳示意

【注意】在每个气门上做好记号，以免错装。实际拆装时，只拆一两个气门掌握方法即可。

### 2．配气机构的安装

（1）按原位装入气门组件、液压挺柱、凸轮轴轴承盖等部件。

【注意】务必按照标号安装，不得混乱。

（2）安装凸轮轴前放上轴承盖，确定安装位置。

【注意】孔的上下两半部要对准，如图 2-30 所示。

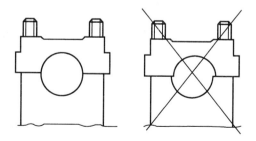

图 2-30　凸轮轴承盖安装位置

（3）安装凸轮轴时，第一缸凸轮必须朝上。

（4）润滑凸轮轴轴承盖表面。

（5）安装 2、4 号轴承盖，对角交替拧紧第 2、4 号轴承盖，螺栓拧紧力矩为 20 N·m。

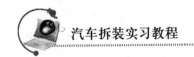

（6）安装 1、3、5 号轴承盖，对角交替拧紧第 1、3、5 号轴承盖，螺栓拧紧力矩为 20 N·m。

（7）装入凸轮轴同步带轮并紧固，拧紧力矩为 80N·m。

（8）安装同步带，调整配气相位。

【注意】使凸轮轴同步带轮上的标记与气门罩盖平面平齐，转动曲轴使凸轮轴同步带轮位于第一缸上止点标记处，以保证配气相位的正确性。

（9）按与拆卸相反的顺序安装其他零部件。

### 2.3.2 桑塔纳 AJR 型发动机

图 2-31 所示为 AJR 型发动机配气机构零件分解示意。

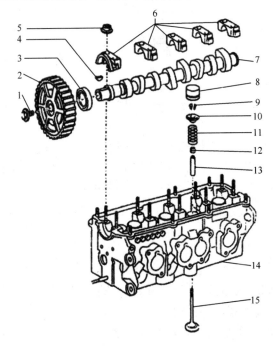

图 2-31　AJR 型发动机配气机构零件分解示意

1—正时齿带轮螺栓（拧紧力矩为 100 N·m）；2—凸轮轴正时齿带轮（带霍尔传感器的脉冲轮）；
3—密封圈；4—半圆键；5—螺母（拧紧力矩为 20 N·m）；6—轴承盖；7—凸轮轴；8—液压挺杆；
9—气门锁夹；10—气门弹簧座；11—气门弹簧；12—气门杆密封圈；13—气门导管；14—汽缸盖；15—气门

### 1. 配气机构的拆卸

（1）拆下正时齿带防护罩。

（2）旋松凸轮轴正时齿带轮（固定住凸轮轴）。

（3）转动曲轴使凸轮轴正时齿带轮位于第一缸上止点标记，如图 2-32 所示。

【注意】凸轮轴上的标记必须对准正时齿带防护罩上的箭头。

（4）如图 2-33 所示，转动曲轴到第一缸上止点位置。

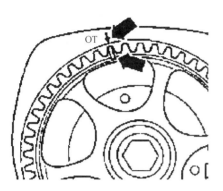 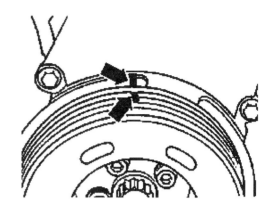

图 2-32 凸轮轴上的标记对准正时齿带防护罩上的箭头    图 2-33 转动曲轴到第一缸上止点位置

（5）松开半自动张紧轮从凸轮轴正时齿带轮上拆下正时齿带。

（6）拆下汽缸盖罩盖。

（7）拆下凸轮轴正时齿带轮。

（8）从凸轮轴上拿下半圆键。

（9）卸下凸轮轴轴承盖紧固螺母，按照从两边到中间的顺序成对角线旋松凸轮轴轴承盖紧固螺母，取出凸轮轴。

（10）取下挺杆体，按顺序放好。

（11）如图 2-34 所示，用气门弹簧拆装钳将气门弹簧座压下，取下气门锁片，拆出气门弹簧。

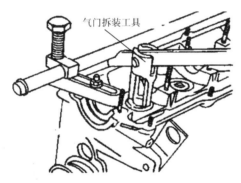

图 2-34 用气门弹簧拆装钳拆卸气门

（12）取下气门弹簧座、气门弹簧、气门油封和气门，并按顺序放好，不可混乱。

**2．配气机构的安装**

1）安装气门

（1）气门导管装上新的气门油封。

（2）装上气门弹簧座，在气门杆部涂以润滑油，插入气门导管，注意不要损伤油封。

（3）装上气门弹簧（弹簧旋向相反）和锁片，锁片装好后，用橡胶锤或铜棒轻敲几下，以确保锁止可靠。

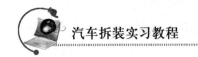
2）安装凸轮轴和油封

（1）安装筒式液力挺柱、凸轮半圆键，将凸轮轴颈涂少许润滑油放入缸盖各轴承座上。

（2）将凸轮轴装回汽缸盖上，转动凸轮轴，使第 1 缸进、排气凸轮朝上。

（3）依次安装其他各凸轮轴轴承盖，保证对号入座，拧上凸轮轴承盖连接螺母。

【注意】安装轴承盖时，要保证轴孔的上下两半对准，如图 2-30 所示。安装前放上轴承盖确定安装位置。

（4）先对角交替拧紧 2、4 轴承盖连接螺母，然后再交替拧紧 1、3、5 轴承盖连接螺母，拧紧力矩为 20 N·m。

（5）在密封圈唇边和外圈涂油，将密封圈平形压入。

【注意】不要压到底，否则会堵塞油道。

（6）将半圆键装到凸轮轴上，安装凸轮轴正时齿带轮。

【注意】凸轮轴转动时，曲轴不可置于上止点，否则会损坏气门或活塞顶部。

3）正时齿带和正时齿带轮的装配

首先，把正时齿带套在曲轴和中间轴正时齿带轮上，装上带轮，使凸轮轴正时齿带上的标记"O"与左侧（向前看）气门室盖平面对齐（AJR 型发动机正时齿带轮上"OT"标记与气门室护板上"↓"箭头对齐），使三角皮带上的上止点记号和中间轴正时齿带轮上的记号对齐（AJR 型发动机中间轴正时齿带轮上的"OT"标记与气室护板上"↓"箭头对齐），如图 2-35 所示。

然后，将正时齿带也套在凸轮轴正时齿带轮上；顺时针转动张紧轮以张紧正时齿带，以用手指捏在正时齿带中间（凸轮轴正时齿带轮和中间轴正时齿带轮中间）刚好可翻转 90°为止，如图 2-36 所示。紧固张紧轮固定螺母，然后转动曲轴两圈，检查调整是否正确。

最后，安装正时齿带轮护罩。

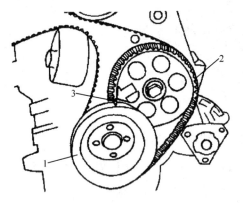

图 2-35 对齐曲轴皮带盘与中间轴齿带轮的正时记号　　图 2-36 正时齿带判断紧度检查与调整

1—曲轴皮带盘；2—中间轴齿带轮；3—正时记号

### 2.3.3 配气机构拆装注意事项

配气机构拆装注意事项如下。

（1）注意专用工具——气门弹簧拆装钳的正确使用。

（2）按装配工艺要求拆装，注意标记，注意顺序。

（3）凸轮轴转动时，曲轴不可位于上止点。

（4）松开正时齿带张紧轮（桑塔纳发动机型）前，应将曲轴转到第 1 缸上止点位置。

（5）在取下正时齿带时，应在正时齿带上标上其原转动方向，以防安装时装反。否则，会加速正时齿型皮带的磨损。

（6）液压挺杆在拆下存放时，应特别注意防尘。

（7）装配时应清洗零件，并吹干。

（8）安装凸轮轴时，第 1 缸凸轮必须朝上；安装凸轮轴轴承盖时，必须保证中心对准。

（9）安装油封时，一定要压到位，防止油封变形或损坏。

（10）安装好凸轮轴后，发动机在约 30min 之内不得启动，以便液压挺住的补偿元件进入状态，否则气门将敲击活塞。

（11）如果对配气机构进行过维修，应小心地转动曲轴至少两圈，以防止发动机启动时敲击气门。

## 2.4　燃料供给系统的拆装

燃料供给系包括空气供给和燃油供给两部分。空气供给系统是为发动机提供清洁的，与发动机负荷相适应的，经过计量的新鲜空气。空气供给系统由空气滤清器、空气计量装置、节气门体和节气门位置传感器、进气总管和进气歧管等组成。燃油供给系是向汽缸内及时的供给燃烧所需的清洁、雾化良好的燃油。燃油供给系由油箱、电动汽油泵、汽油滤清器、燃油分配管、喷油器、压力调节器等组成。桑塔纳发动机燃料供给系统如图 2-37 和图 2-38 所示。

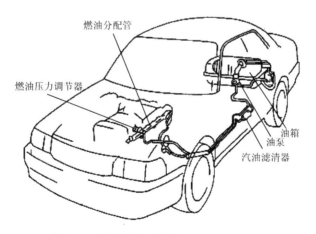

图 2-37　燃油供给系统的组成及油路示意

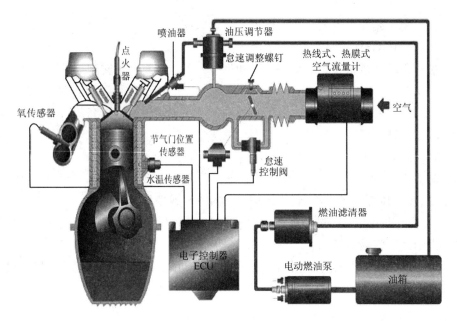

图 2-38　桑塔纳发动机供给系统结构示意

## 2.4.1　桑塔纳 AJR 型汽油机的拆装

### 1. 空气供给系的拆装

1）空气滤清器和空气流量计的拆装

（1）拆下蓄电池负极线，放出发动机冷却液。

（2）拧松进气软管两端的抱箍。

（3）从进气软管上拆下动力转向真空管，取下进气软管。

（4）拔下空气流量计的导线插接器。

【注意】先拔开锁扣，再拔出插接器。

（5）拆下空气流量计固定螺栓，从空气滤清器上取下空气流量计。

（6）拔下炭罐电磁阀的导线插接器和真空管。

（7）从空气滤清器侧面取下炭罐电磁阀。

（8）拆下空气滤清器盖，取出空气滤清器滤芯。

（9）按照拆卸的相反顺序安装空气滤清器和空气流量计。

2）节气门体的拆装

（1）拆下曲轴箱通风管。

（2）用尖嘴钳拔下控制拉索调整卡簧片，从节气门体上拆下节气门控制拉索。

【注意】节气门拉索易折断，不能弯折。节气门拉索的各支点与固定点应平直。

（3）拆下节气门拉索支架（支架紧固螺栓的拧紧力矩为 15 N·m）。

（4）拔下炭罐真空管和制动助力器真空管。

（5）拔下进气温度传感器和霍尔传感器的导线插接器。

（6）拆下节气门位置传感器和怠速控制阀的导线插接器。

（7）从节气门体上拆下两根冷却液旁通管。

（8）拆下节气门体与进气管的联结螺栓（拧紧力矩为 20 N·m），取出节气门和密封垫。

（9）按照拆卸的相反顺序安装节气门体。

3）燃油蒸汽回收系统的拆装

（1）从炭罐电磁阀上拔下导线插接器和真空管，如图 2-39 所示。

（2）从空气滤清器侧面取下炭罐电磁阀。

（3）从炭罐上拔下汽油箱蒸气管和从炭罐电磁阀过来的真空管。

（4）松开炭罐抱箍，拆下炭罐。

（5）按照拆卸的相反顺序安装燃油蒸汽回收系统。

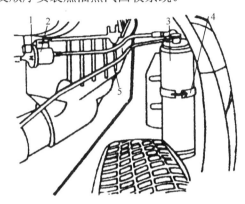

图 2-39　活性炭罐部件安装图

1—通向进气歧管；2—活性炭罐电磁阀；3—活性炭罐；4—活性炭罐安装夹箍；5—来自汽油箱通气软管

4）进气歧管的拆装

（1）拔开喷油器导线插接器上的锁止卡簧，拔出喷油器上的插接器。

（2）拆下分油管，拔下喷油器上的卡簧，取下各缸喷油器。

（3）拔下各缸高压点火线。

（4）松开进气歧管支架的固定螺栓（拧紧力矩为 20 N·m），拆下进气歧管支架。

（5）旋下进气歧管与汽缸盖的连接螺栓和螺母，拆下进气歧管。

（6）取下进气歧管密封垫。

【注意】进气歧管密封垫取下后，必须更换。

（7）按照拆卸的相反顺序安装进气歧管。

**2．燃油供给系的拆装**

1）汽油泵的拆装

（1）断开点火开关，拆下蓄电池负极线。

（2）拔下出油软管、回油软管和通气软管，再拔下油泵导线插接器。

【注意】拆卸时，先用布包住出油管接头，慢慢从接头上拔下汽油软管，以防止汽油飞溅。溅出的汽油需要擦干净。

（3）用专用工具从油箱上拆下紧固螺母，如图 2-40 所示。从燃油箱开口处取出密封凸缘和橡胶密封件。

【注意】密封凸缘上的箭头必须对准燃油箱上的箭头，如图 2-41 所示。

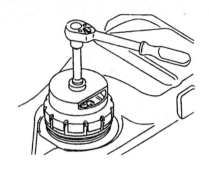 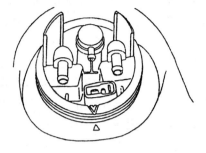

图 2-40　紧固螺母的拆卸　　　　　图 2-41　密封凸缘与汽油箱对正标记

（4）用专用工具伸入到油箱内，使专用工具的爪插入汽油泵壳体的 3 个拆装缺口内，旋松汽油泵，如图 2-42 所示。

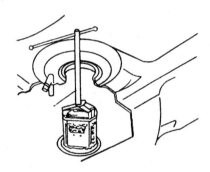

图 2-42　拆卸汽油泵

（5）从燃油箱内取出汽油泵。

（6）按照拆卸的相反顺序安装汽油泵，组装示意图如图 2-43 所示。

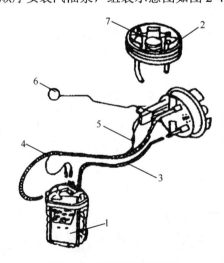

图 2-43　汽油泵组装示意

1—密封法兰；2—回油管；3—燃油泵；4—输油管；5—导线；6—浮子；7—透气管（通向活性炭过滤器）

2）汽油滤清器的拆装

（1）松开汽油滤清器托架的紧固螺栓，取下滤清器托架。

（2）松开汽油滤清器进、出有关抱箍，拔下汽油管。

【注意】拔出油管时，需先用布包住接头，慢慢从接头上拔下汽油软管，以防汽油飞溅。溅出的汽油需要擦干净。

（3）取下汽油滤清器。

（4）拧下滤芯紧固螺栓，取下滤芯上的密封垫圈、滤芯、滤芯下的密封垫圈。

（5）检查滤芯和各种密封垫圈的完好状况，清洗滤芯和各油道，若损坏应及时更换。

（6）按照拆卸的相反顺序安装汽油滤清器，具体位置如图 2-44 所示。

【注意】汽油滤清器安装时，其进油口的箭头应与汽油的流向一致。

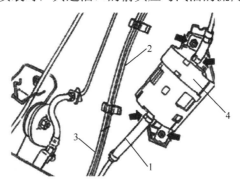

图 2-44　拆装汽油滤清器

1—进油管；2—回油管；3—蒸汽管；4—汽油滤清器

3）燃油压力调节器的拆装

（1）从燃油压力调节器上拔下真空软管。

（2）用尖嘴钳拔下燃油压力调节器卡簧。

【注意】拆卸前应先松开进油管接头，卸去分油管内的油压，以防汽油飞溅。

（3）取出燃油压力调节器。

（4）从燃油压力调节器上拆下大、小两只 O 形密封圈。

（5）按照拆卸的相反顺序安装燃油压力调节器。

4）喷油器的拆装

（1）拔开卡簧，拔下喷油器上的导线插接器。

（2）用高压线钳拔下各缸点火高压线。

（3）拧下燃油分配管与进气歧管的紧固螺栓，取下燃油分配管。

（4）用尖嘴钳拔下喷油器卡簧，从燃油分配管上拔下喷油器。

（5）从喷油器上拆下 O 形密封圈。

（6）从进气歧管上取下喷油器 O 形密封圈。

（7）按照拆卸的相反顺序安装喷油器。

【注意】燃油分配管与进气歧管的紧固螺栓的拧紧力矩为 20N·m。安装时，喷油器电线插座朝外。

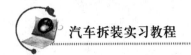
### 2.4.2 桑塔纳 AFE 型汽油机的拆装

**1. 空气滤清器的拆装**

（1）松开空气滤清器四周的固定卡子。

（2）取出滤芯，观察其结构。

（3）拆下旁通气道的软管和曲轴箱通风的连接软管。

（4）松开卡箍，将进气软管拆下。

（5）按照拆卸的相反顺序安装空气滤清器，如果滤芯过脏应更换。

**2. 燃油滤清器的拆装**

（1）关闭点火开关，拆下蓄电池负极导线。

（2）松开燃油滤清器托架上的紧固螺栓，取下燃油滤清器托架。

（3）清除燃油滤清器进、出口端接口处的污物。

（4）在进、出口软管周围缠绕毛巾，吸收那些溢出的燃油。

（5）松开卡箍，拔下燃油滤清器的油管，拆下燃油滤清器。

（6）盖住进出口软管，防止污染汽油。

【注意】为了正确安装，在滤清器进口和出口端做记号。

（7）按照拆卸的相反顺序安装燃油滤清器。

**3. 喷油器拆装**

1）拆卸

（1）拔下与喷油器连接的插接器。

（2）将燃油压力调节器与进气歧管连接的真空管拆下。

（3）拆下固定的卡簧，取下燃油压力调节器。

（4）卸下固定燃油分配管的螺栓，松开进回油管的管接头，拆下燃油分配管。

（5）取下喷油器放到搁架上。

2）安装

（1）将喷油器外表擦净，更换新的 O 形密封圈将喷油器与燃油分配管连接起来。

（2）对准位置用螺栓将燃油分配管固定在支架上，并用 22N·m 的力矩拧紧。

（3）安装燃油压力调节器，用卡簧固定好，并连接真空管。

（4）安装与喷油器连接的插接器。

### 2.4.3 柴油发动机的拆装

柴油机燃料供给系统包括喷油泵、喷油器和调速器等主要部件及柴油箱、输油泵、油水分离器、柴油滤清器、喷油提前器和高、低压油管等辅助装置。文中针对主要部件喷油器、喷油泵和调速器，阐述其拆装过程。

### 1．喷油器的拆装

1）拆卸

喷油器总成如图 2-45 所示，其拆装步骤如下。

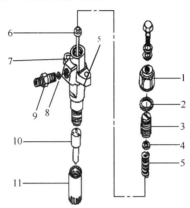

图 2-45　喷油器总成

1—护帽；2、4、8—垫片；3—调整螺钉；5—调压弹簧；
6—芯轴；7—喷油泵体；9—进油管接头；10—针阀偶件；11—喷嘴盖形螺母

（1）拧松高压油管的接头螺母（注意卸压），拆下高压油管及固定夹。

（2）拆下回油管。

（3）拆下喷油器固定螺母后，用撬棒拆下喷油器总成，视需要可用专用拉力器拉出。

（4）将喷油器固定在台虎钳上，用扳手拆下护帽。

（5）用一字形螺钉旋具旋出调整螺钉。

（6）取出垫片、调压弹簧和芯轴。

（7）使喷油器喷嘴朝上，用套筒扳手拆下喷嘴盖形螺母。

（8）取出针阀偶件。

【注意】

① 观察针阀和针阀体的结构，针阀与阀体是配对研磨的精密偶件，不能与另外的偶件互换并要注意防尘，因此观察完毕，应立即浸入柴油中注意保存。

② 如果针阀与阀体卡死，不能用钳子强行拔出，而应该将针阀放入到 150～250℃机油中加温，趁热用专用工具拉出。

2）安装

安装前，务必将拆下的零部件清洗干净。

（1）将进油管接头旋入喷油器体，不要遗落垫圈。

（2）将针阀偶件放入紧固螺套，将螺套旋入喷油器体。

（3）依次从喷油器体上部孔内放入推杆、弹簧下座、弹簧上座，然后拧入调整螺钉，最后拧紧调整螺母和调压螺钉护帽。

【注意】

① 装配针阀体偶件时，定位销与喷油器定位孔对齐。

② 按规定力矩拧紧喷油嘴盖形螺母。

③ 注意调压弹簧的弹力，调整螺钉旋入深度要适当。

④ 规定的喷油压力是在喷油器试验台上通过调整螺钉获得的。

3）喷油器的调整

调整喷油器是在喷油器试验台上进行的，其调整方法如下：

（1）用手压泵将油压升至 15.7MPa，再以每分钟 10 次的速度均匀地按动手泵，直至开始喷油。此时喷油嘴处不得有渗漏或滴油现象。若有，则说明密封性不好。

（2）用手压泵将油压升至 22.54～24.50MPa 压力下喷油后，停止压油，记录油压从 19.6MPa 降到 17.64MPa 的时间应不少于 9～12s。若少于这个数值范围，则说明喷油器密封性不好。

（3）用手压泵将油压升至喷油器开始喷油的压力值，此时的喷油压力应符合各型号喷油器的规定值，否则应调整调压螺钉（原则为旋入调压螺钉，提高喷油压力，反之则压力降低）。

【注意】

① 调整时用手泵手柄以每分钟 60～70 次的速度压油。

② 喷油器试验是在高压条件下进行的，千万不能将手掌放在喷油嘴下压油，以免高压油粒穿透皮肤，造成肌肉坏死。

**2. 调速器的拆装**

调速器结构组成如图 2-46 所示。

1）拆卸步骤

（1）拆掉调速器后壳固定螺钉和安装在供油拉杆上的传动板锁紧螺母、拉杆螺母，即可依次取下调速器后壳（连盖上调速叉、操纵手柄、操纵轴、限速螺钉等）、调速弹簧、支承轴、传动板、推力盘、飞球组合件、飞球保持架等。

（2）拆掉传动轴套的挡圈，可取出传动斜盘。

（3）拆掉凸轮轴上传动轴套固定螺母，用专用工具拉出传动轴套。

（4）拆掉调速器前壳固定螺母，取下调速器前壳。

2）安装步骤

（1）用螺钉先将调速器前壳装在喷油泵壳体上，注意密封垫片应完好。

（2）用专用工具将传动轴套装入凸轮轴，然后装上传动盘用挡圈锁住。

（3）安装调速器后壳先安装上操纵轴和拨叉，然后从外端拨入支承轴，并依次向轴上套入弹簧后座、高低速弹簧、启动弹簧、弹簧前座。最后装上校正弹簧并用螺母调节预紧力后锁紧。

（4）将传动板、推力板（连轴承）、飞球组合件、飞球保持架套入支承轴。注意将传动板上的小孔套入供油拉杆（内装拉杆弹簧），并用拉杆螺母旋紧。

（5）调速器的合拢：用六个螺钉将组装好的前壳和后壳装合，密封垫片应完好，最后从调速器后壳外端拨入怠速、调速调节螺钉。

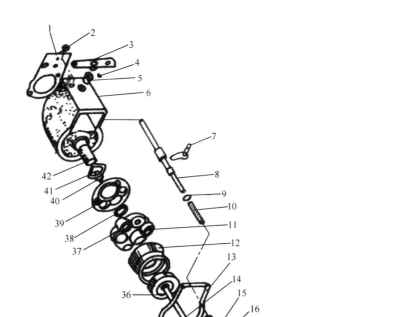

图 2-46　调速器结构组成

1—前壳垫片；2—限位螺钉；3—停油手柄；4—圆柱销；5—衬套；6—调速器前壳；7—停油摇杆；8—调节拉杆；
9、19、24—垫圈；10—拉杆弹簧；11—飞球组合件；12—推力盘；13—垫片；14—支承轴；15—拉杆螺母；16—锁紧螺母；
17—启动弹簧；18—螺栓；20—调速叉；21加油孔螺栓；22—加油孔通气罩；23、38—挡圈；25—操纵轴；26—限速螺钉；
27、28—螺母；29—调速器后壳；30—操纵手柄；31—弹簧后座；32—调速弹簧；33—弹簧前座；34—推力板轴承座；
35—拉杆传动板；36—轴承；37—飞球保持架；39—传动斜盘；40—连接螺钉；41—缓冲块；42—传动轴套

### 3．喷油泵的拆装

柱塞式喷油泵结构组成如图 2-47 所示。

1）拆卸步骤

（1）拆掉固定上、下泵体的螺母，取下上泵体。

（2）拆下六只分泵的柱塞、柱塞弹簧、上下弹簧座。

【注意】务必依次放好，不可搞乱。

（3）将上体固定在台虎钳上，拆下油阀紧固螺帽，取出出油阀弹簧，取出出油阀偶件。

（4）松开上体侧面限位螺钉，取出柱塞套，将柱塞和柱塞按原对配好，不能互换，仔细观察柱塞偶件和出油阀偶件结构，然后浸入干净的柴油中。

（5）从下体中取出调整垫块、滚轮体。

（6）拆掉下体两端滚珠轴承，最后从下体中抽出凸轮轴。

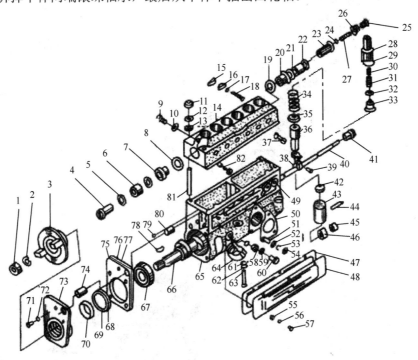

图 2-47　柱塞式喷油泵结构组成

1—固定螺帽；2、12、17、53、56—弹簧垫圈；3—联轴器；4、23—接头螺栓；5、22、59、61、76、77—铜垫片；

6、21、58—防尘圈；7、20—油管接头；8、13、19、26、29、50、52、55、62、72、75—垫片；9—放气螺钉；

10、32—铜垫圈；11、41、54—螺母；14—上盖；15、16—前后夹板；18、63—螺栓；24—钢球；25、39、57、60—螺钉；

27—弹簧；28—出油阀固定螺帽；30—出油阀；31—出油阀弹簧；33—出油阀弹簧座；34、35、36—柱塞套组件；

37—柱塞套定位螺钉；38—调节叉；40—供油拉杆；42—垫块；43—滚轮体；44—滚轮销；45—滚轮轴；46—滚轮轴套；

47—垫片；48—检查盖板；49—机油尺；51、81—双头螺栓；64、67—轴承；65—下体；66—凸轮轴；68、69—垫圈；

70—油封；71—螺钉；73—轴承盖；74—拉杆罩；78—半圆键；79—圆柱销；80—拉杆衬套；82—限位螺钉

2）安装步骤

（1）安装凸轮轴。将凸轮轴从下体一端孔轻轻放入，两端装上轴承和油封，凸轮轴应转动灵活，轴向间隙在 0.05～0.10mm 之间，可用增减垫片的方法进行调整。

（2）安装滚轮体总成。按原位将滚轮体装入下体，转动凸轮轴，滚轮体上下运动自如，然后装入调整垫块。

（3）安装柱塞套和针阀偶件。先将柱塞套装入上体，用柱塞套定位螺钉定位，然后依次装入出油阀偶件、垫圈、出油阀弹簧、出油阀弹簧座、密封垫圈，最后拧紧出油阀紧固螺帽。

（4）将上体放倒，将油封圈上弹簧座、柱塞弹簧、下弹簧座依次套入柱塞套，最后将柱塞按原配对一一塞入柱塞套。

（5）上下泵体合拢。慢慢将卧置的上体和下体合拢，注意观察每只柱塞的调整臂是否放入了拨叉槽中，轻轻抽动供油拉杆，在拨叉的带动下，每只柱塞应转动自如，最后拧紧螺母。

### 2.4.4　燃料供给系统拆装注意事项

燃料供给系统拆装注意事项如下。

（1）注意工具的正确使用，按装配工艺要求拆装。

（2）装配时应清洗零件，并吹干。

（3）拆卸燃油管道时，首先要泄压，防止大量汽油喷出。

（4）拆卸喷油器时，操作过程必须严格保持清洁，防止脏物、油垢掉入油管或进气歧管中。切勿重复使用 O 形密封圈。安装前，用汽油润滑 O 形密封圈，不能用机油、齿轮油或其他润滑油。

（5）如果针阀与阀体卡死，不能用钳子强行拔出，而应将针阀放入到 150℃～250℃机油中加热，趁热用专用工具拉出。

（6）安装燃油滤清器时应注意不要接反进、出油管的端口。

（7）安装后，应检查油路是否存在漏油的情况。

（8）安装在油箱的燃油泵在油箱无油或拆离油管后不得开动燃油泵，防止烧毁燃油泵。

（9）喷油器总成拆卸时注意卸压。

（10）喷油泵和调速器装复后，应在喷油泵实验台上进行调试，调试内容有喷油时间调整、喷油量调整、怠速调整、额定最高速调整等。在全部调试合格后，才能将泵装上发动机使用。

（11）在调整试验时，切不要把手伸到喷油器下。

## 2.5　点火系统的拆装

### 2.5.1　桑塔纳 AFE 型发动机点火系统的拆装

桑塔纳 AFE 型汽油机采用的是带分电器的电子控制点火系统，其突出特点是将点火系统与燃油喷射系统复合在一起，由一个电控单元（ECU）来控制，结构简单、工作可靠。ECU 控制的点火子系统，主要由点火线圈、分电器、火花塞、带抗干扰元件的连接插座、爆震传感器、点火导线等组成，其结构如图 2-48 所示。

#### 1．分电器的拆装

（1）用工具扳开分电器盖的固定夹，依次取下分电器盖、分火头、防尘罩。

（2）拆下挡圈，轻轻取下定位销，用专用拉器取下转子。

（3）拆下分电器盖固定夹。将霍尔信号发生器与插接器一起取下。

（4）拆下真空点火提前装置固定螺钉，取下真空点火提前装置。

（5）拆下垫圈，拆下底板固定螺钉，取下底板、螺钉、复位弹簧。

（6）拆下分电器凸轮轴中心油毡、拆下连接螺钉，取下复位弹簧、凸轮轴、离心块。

（7）拆下分电器轴下端横销，取下联轴节、垫圈及分电器轴。

（8）分电器装复与解体时的步骤正好相反，按解体的逆序装复，装配位置如图 2-49 所示。

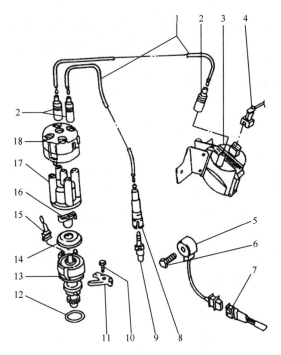

图 2-48　AFE 型汽油机电子点火控制系统零部件

1—点火导线；2—带抗干扰元件插座；3—点火线圈；4—点火线圈插头；5—爆震传感器；6—螺栓；
7—爆震传感器插头；8—火花塞插头；9—火花塞；10—螺栓；11—分电器压板；12—O 形密封圈；
13—带霍尔传感器的分电器；14—防尘盖；15—接插件；16—分火头；17—分电器盖；18—屏蔽罩

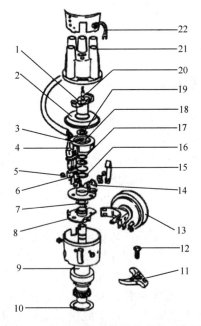

图 2-49　AFE 型发动机分电器装配位置

1—分火头；2—防尘罩；3—转子；4—插头；5—定位销；6—插座；7、16、17—垫圈；
8—底板；9—分电壳；10—密封垫圈；11—压板；12—固定螺栓；13—真空提前装置；
14—霍尔传感器；15—固定夹；18—销；19—挡圈；20—带弹簧电刷；21—分电器盖；22—搭铁线

**2．分电器在发动机上的安装**

（1）将飞轮 A 和正时带轮 B 调整到 1 缸的上止点位置，飞轮和正时带轮的标记如图 2-50 所示。

（2）用扳手转动发动机，将 V 形带轮调整到 1 缸的上止点位置，V 形带轮上的正时记号如图 2-51 所示。

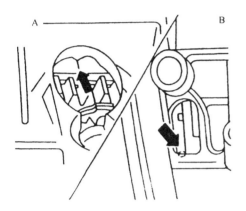

图 2-50　飞轮和正时带轮的标记

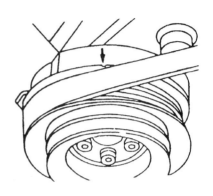

图 2-51　V 形带轮上的正时记号

（3）将凸轮轴正时带轮上的标记与气门罩盖上的箭头对齐，凸轮轴正时带轮上的正标记如图 2-52 所示。

（4）装上点火分电器后，分火头的标记应与分电器壳体上的标记对齐，分火头与分电器壳体上的标记对齐如图 2-53 所示。

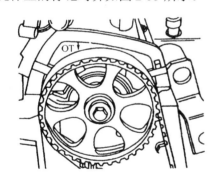

图 2-52　凸轮轴正时带轮上的正标记

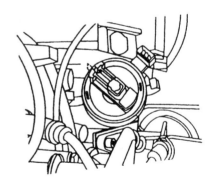

图 2-53　分火头与分电器壳体上的标记对齐

（5）安装点火分电器盖。

【注意】点火分电器盖在安装前要清洗，检测有无泄漏电流造成的裂纹和痕迹，必要时更换。

**3．火花塞的拆装**

（1）用火花塞套筒拆装火花塞。

（2）检查火花塞电极间隙方式如图 2-54 所示。AFE 型发动机火花塞电极间隙应为 0.7～0.8mm。

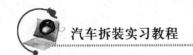

【注意】对于新的火花塞，可通过弯曲负电极来调整火花塞电极间隙，使用过的火花塞电极间隙不可调整。若火花塞电极间隙不在规定的范围内，应更换火花塞。

（3）测量火花塞绝缘电阻。用兆欧表测量火花塞绝缘电阻（图2-55），电阻值应为10MΩ或更大。

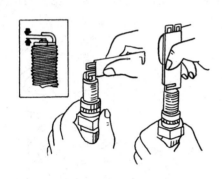
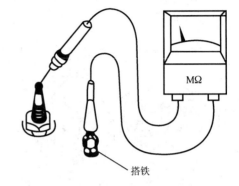

搭铁

图2-54　检查火花塞电极间隙方式　　　　图2-55　用兆欧表测量火花塞绝缘电阻

若火花塞电极有湿炭痕迹，待其干燥后用火花塞清洁器，以低于588kPa的压力、20s左右的时间清洁火花塞电极。若有润滑油痕迹，在使用火花塞清洁器之前，先用汽油清除润滑油。

### 4．点火线圈的拆装

点火线圈的拆装如图2-56所示。用欧姆表测量点火线圈的电阻。初级绕组的电阻应为1.2～1.4kΩ，次级绕组的电阻应为6～8kΩ。若测量的电阻不符合规定，则需要更换点火线圈。同时应保证点火线圈绝缘盖板清洁、干燥，防止漏电。

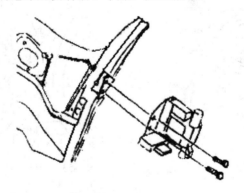

图2-56　点火线圈的拆装

### 5．高压回路部件的检修

用欧姆表测量高压回路部件的电阻，若部件的电阻不在规定范围之内，应更换新件。

（1）检查分火头电阻（图2-57），其电阻值为（1±0.4）kΩ。

（2）检查火花塞插头电阻（图2-58），其电阻值为（1±0.4）kΩ。

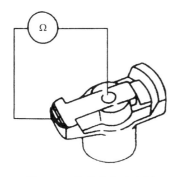

图 2-57　检查分火头电阻

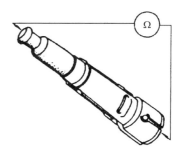

图 2-58　检查火花塞插头电阻

（3）检查防干扰接头电阻（图 2-59），其电阻值为（1±0.4）kΩ。

（4）检查高压导线电阻（图 2-60），中央高压线为 0～2.8kΩ、高压分线为 0.6～7.4kΩ。

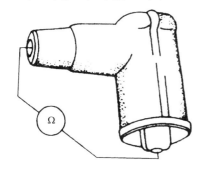

图 2-59　检查防干扰接头电阻

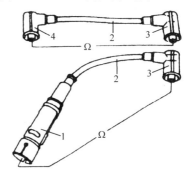

图 2-60　检查高压导线电阻

1—火花塞；2—高压导线；3—分电器；4—点火线圈

## 2.5.2　桑塔纳 AJR 型发动机点火系统的拆装

AJR 型发动机点火系统采用无分电器双火花直接点火系统，其点火系参数如表 2-2 所示。

另外，AJR 型发动机上装有两个爆震传感器（比 AFE 型发动机增加了 1 个），以便发动机 ECU 能更有效地识别各个汽缸的爆震燃烧，迅速调整点火时间，从而保护发动机免受劣质汽油引起的强烈爆震的损害。

在拆装过程中，弄明白桑塔纳 AJR 型发动机点火系与 AFE 型发动机点火的不同之处即可，其点火系零部件的具体拆装参考 AFE 型发动机进行。

表 2-2　桑塔纳 AJR 型发动机点火系参数

| 点火系统形式 | 具有两个点火线圈的双火花点火系 |
| --- | --- |
| 火花塞扭紧力矩 | 30N·m |
| 火花塞电极间隙 | 0.9～1.1mm |
| 火花塞插头 | 电阻约为 5kΩ |
| 点火次序 | 1—3—4—2 |
| 由控制单元切断的最高极限转速 | 6400r/min |
| 点火提前角 | 不能调整，由发动机控制单元决定 |

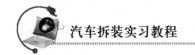 

## 2.6 冷却系统的拆装

由于车型的不同，汽车发动机冷却系统的结构也不尽相同，但冷却系各主要机件的拆装与调整的方法基本相同，图 2-61 所示为桑塔纳发动机冷却系统基本构成示意。

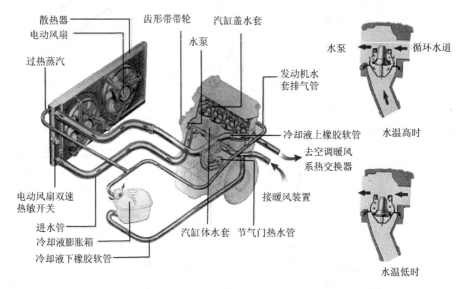

图 2-61    桑塔纳发动机冷却系统基本构成示意

### 2.6.1    桑塔纳 AFE 型发动机冷却系统的拆装

桑塔纳 AFE 型发动机的冷却系统是强制循环封闭式冷却系统，其组成如图 2-62 和图 2-63 所示。

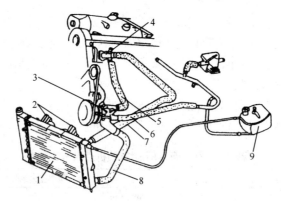

图 2-62    AFE 型发动机冷却系统组成示意

1—散热器；2—风扇；3—水泵；4—机体进水口（进入汽缸体、汽缸盖水套）；5—旁通水管；
6—暖气回水进水泵水管；7—机体冷却水出口与散热器进水口接管；8—散热器出水管；9—膨胀小水箱

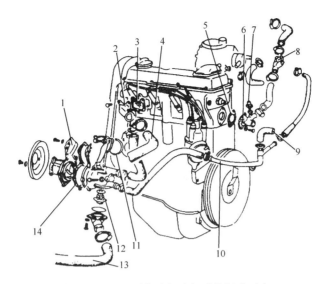

图 2-63　AFE 型发动机冷却系统组成示意

1—水泵；2—缸盖接管；3—密封垫；4—橡胶管；5—密封垫；6—接管；7—水温传感器；8—热敏开关；
9—通向暖风热交换器的冷却液管；10—冷却液管；11—O 形密封圈；12—节温器；13—下橡胶弯管；14—密封垫圈

该系统冷却液轴向进入水泵后，经叶轮径向直接流进机体水套，然后流入汽缸盖水套。此后，冷却液分两路循环。一路大循环为冷却液流经散热器冷却后，进入装在机体水泵进口处的节温器流向水泵进口；另一路小循环为冷却液直接进入节温器后的水泵进口，不经散热器冷却。当冷却液的温度低于 85℃时，进行小循环；当冷却液温度高于 85℃时，部分冷却液进行大循环；当冷却液温度达到 105℃时，全部冷却液参加大循环。

### 1．冷却液的排放

（1）在发动机下放置一个收集容器，打开冷却液储液罐盖。

（2）将水泵大循环进口水管的卡箍松开（图 2-64），拉出冷却液软管，放出冷却液。用容器收集冷却液，以便以后使用。

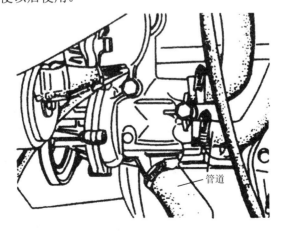

管道

图 2-64　拆下管道的夹箍

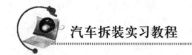

### 2．水泵的拆装

（1）从发动机水泵上取下水循环管、热交换器回水管和冷却液水管。

（2）松开并取下水泵传动带。

（3）拧下水泵的紧固螺栓，拆下水泵总成，其结构的纵剖面如图 2-65 所示。

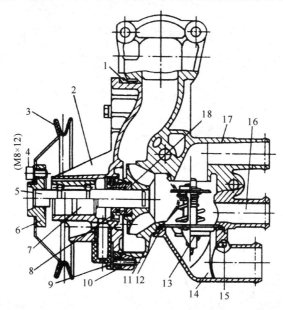

图 2-65　AFE 型发动机水泵结构的纵剖面

1—密封垫；2—前壳体；3—水泵 V 形带轮；4—V 形带轮紧固螺栓；5—水泵轴；6—水泵轴凸缘；
7—轴承；8—水封；9—水泵连接螺栓；10—密封垫；11—泵壳体；12—密封圈；13—节温器；
14—主进水管；15—进水管紧固螺栓；16—暖风热交换器回水时水泵口；17—小循环进水口；18—水泵叶轮

（4）把水泵总成夹紧固定在夹具中或台虎钳上。

（5）拧松 V 形带轮紧固螺栓，拆下 V 形带轮。

（6）分解前盖与泵壳，但注意要分批拧松紧固螺栓。

（7）用拉具拆下 V 形带轮凸缘。再用拉具拆下水泵叶轮，注意防止损坏叶轮。

（8）压出水泵轴和轴承，并分解水泵轴与轴承。

（9）压出水封、油封。

（10）放松水泵壳体，换位夹紧，拆下进水口接头的紧固螺栓，取下接管。

（11）拆下密封圈，拆下节温器。

（12）安装时的基本顺序与拆卸顺序相反，但需更换所用衬垫及密封圈。另外，安装时要特别注意，叶轮与泵壳的轴向间隙，叶轮与壳体的径向密封处的间隙，轴承的润滑条件。

### 3．节温器的拆装

在拆卸水泵总成时，节温器已经拆下，具体拆装位置如图 2-66 所示。

（1）安装前，首先清洁主进水管 O 形密封圈的密封表面，将新的 O 形密封圈用冷却液浸润。

（2）将节温器、O 形密封圈放入主进水管，顺时针拧 1/4 圈。

（3）将带节温器的主进水管装入缸体。

（4）旋入紧固螺栓，以 15N·m 的力矩拧紧。

（5）装复冷却液软管。

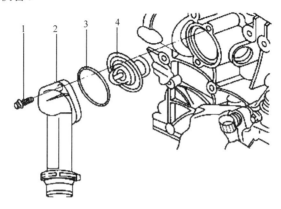

图 2-66　AFE 型发动机节温器拆装位置示意

1—螺栓；2—节温器盖；3—O 形密封圈；4—节温器

**4．散热器的拆装**

（1）从汽缸盖出液口处（通往散热器）拔掉冷却液软管。

（2）拆下热敏开关（在三通接头处）和电动冷却风扇上的连接电线。

（3）从散热器上拆下冷却液的上、下水管，以及与膨胀水箱的连接管。

（4）放松并拆下散热器顶部左、右角上的固定支架，将散热器连同冷却风扇和护风罩整体一起取出。

（5）安装散热器时，以拆卸的相反顺序进行。

## 2.6.2　桑塔纳 AJR 型发动机冷却系统的拆装

与桑塔纳 AFE 型发动机不同，AJR 型发动机的小循环是常循环（节温器常闭），这可提高冷却系统的温度，改善发动机热效率，确保冷却系统始终有冷却液循环。

图 2-67 所示为 AJR 发动机冷却系的布置示意。该型发动机取消了中间轴后，在发动机前端原中间轴的位置附近直接将水泵壳体安装在机体上，简化了零件。水泵零件先装成一个总成后，通过水泵轴承座上的 3 个孔很方便地安装在机体前端。

图 2-68 所示为 AJR 型发动机水泵结构示意。叶轮采用塑料制的闭式叶轮（原为铸铁制造的半开式径向叶轮），叶轮上与水泵轴承连接部分为一钢制轴套嵌成。水泵轴承仍为双联式轴承，但原来的双连式轴承为两个球轴承，现已将靠近同步带轮的球轴承改成滚子轴承，提高了轴承的承载能力。O 形密封圈起水封作用。

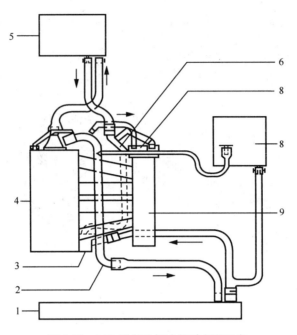

图 2-67　AJR 型发动机冷却系布置示意

1—散热器；2—上冷却液管；3—节温器；4—汽缸体；

5—暖风热交换器；6—下冷却液管；7—进气预热；8—冷却液储液罐；9—进气歧管

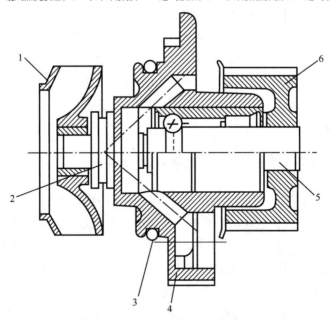

图 2-68　AJR 型发动机水泵结构示意

1—叶轮；2—水封；3—O 形密封圈；4—轴承座；5—水泵轴承；6—齿带轮

## 1．冷却液的排放

（1）旋开冷却液储液罐盖。在旋开冷却液储液罐盖子时，可能会有蒸汽喷出。在盖子上盖一块抹布，小心地旋开盖子。

（2）在发动机下放置一个干净的收集容器。

（3）松开夹箍，拔下散热器的下水管（图 2-1），放出冷却液。

**2．水泵的拆装**

（1）拆卸驱动 V 形带，拆卸风扇电机。

（2）拆下同步带的上、中防护罩，将曲轴调整到第一缸上止点位置。

（3）拆下凸轮轴上的同步带，但不必拆下曲轴 V 形带轮。保持同步带在曲轴同步带轮上的位置。

（4）旋下螺栓，拆下同步带后防护罩，旋下水泵，小心地将其拉出，如图 2-69 所示。

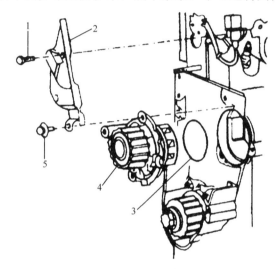

图 2-69　拆卸水泵

1、5—螺栓；2—同步带后防护罩；3—O 形密封圈；4—水泵

（5）安装时的基本顺序与拆卸顺序相反。

① 清洁 O 形密封圈的密封表面，用冷却液浸湿新的 O 形密封圈。

② 安装水泵，罩壳上的凸耳朝下。

③ 安装同步带后防护罩。

④ 拧紧水泵螺栓至 15N·m。

⑤ 安装同步带（调整配气相位），安装驱动 V 形带。

**3．节温器的拆装**

AJR 型发动机与 AFE 型发动机使用同一种节温器，故其节温器的拆装参照如图 2-66 所示进行。

**4．散热器的拆装**

（1）拔下位于电控冷却风扇罩壳上的热敏开关插头（见图 2-3）。

【注意】为防止损坏冷凝器及制冷剂管路，不要压迫、扭曲及弯曲制冷剂管路。

（2）将双电控冷却风扇连同罩壳一起拆下。

（3）拆下散热器。

（4）安装散热器时，以拆卸的相反顺序进行。

### 2.6.3 冷却系统拆装注意事项

冷却系统拆装注意事项如下：

（1）用拉具拆卸水泵叶轮，应小心操作，防止损坏叶轮。

（2）安装水泵时除更换密封件外，其余各零部件均应进行清洗、检查、测量，合格件才能使用。

（3）应特别注意水泵叶轮与水泵壳的轴向间隙，水泵叶轮与壳体的径向密封处的间隙；注意轴承的润滑条件。

（4）安装完毕后，往补偿水桶里面添加冷却液并至规定的刻度线，并检查是否存在冷却液渗漏的情况。若存在这种现象，应及时维修。

## 2.7 润滑系统的拆装

润滑系统的作用是对发动机所有运动的部件进行润滑，减少零件的摩擦和磨损，流动的机油不仅可以清除摩擦表面的磨屑等杂质，而且还可以冷却摩擦表面。汽缸壁与活塞环上的油膜还能提高汽缸的密封性。此外，机油还可以防止零件生锈。

桑塔纳轿车无论采用何种型号的发动机，其润滑系都是压力润滑与飞溅润滑相结合的复合润滑系统。桑塔纳轿车发动机润滑系统构成如图 2-70 所示，其具体润滑油路如图 2-71 所示。

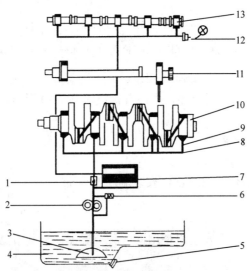

图 2-70　桑塔纳轿车发动机润滑系统构成示意

1—旁通阀；2—齿轮式机油泵；3—机油集滤器；4—油底壳；5—放油螺栓；6—安全阀；7—机油滤清器；
8—汽缸体主油道；9—分油道；10—曲轴；11—中间轴；12—汽缸盖主油道端压力开关；13—凸轮轴

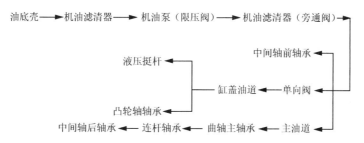

图 2-71　桑塔纳轿车发动机润滑油路简图

　　油底壳内的润滑油经粗集滤器滤掉大的机械杂质后，被机油泵压入机油滤清器后分三路送出。第 1 路经主油道后分为两支：一支送入曲轴主轴承分油道，润滑主轴承，经曲轴内油道滑润连杆大端轴承，再经连杆内油道润滑连杆小端轴承后回到油底壳；另一支则进入中间轴的轴承（AJR 型发动机无中间轴）后流回油底壳。第 2 路从主油道进入凸轮轴的轴承后再润滑气门机构，然后流回油底壳。第 3 路，在主油道油压太高或流量太大的情况下，润滑油冲开安全阀，分流回油底壳。

　　机油滤清器上没有旁通阀，启动压力为 0.18MPa。当机油滤清器堵塞，润滑油通过压力开关短路进入主油道，防止发动机运动副因缺润滑油而烧坏。

## 2.7.1　桑塔纳 AFE 型发动机润滑系统的拆装

　　AFE 型发动机润滑系统零件如图 2-72 所示。

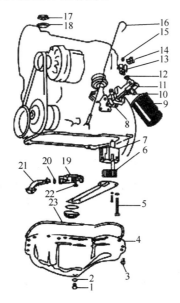

图 2-72　AFE 型发动机润滑系统零件

1—放油螺塞（拧紧力矩为 30N·m）；2、20—O 形密封圈；3—油底壳紧固螺栓（拧紧力矩为 20N·m）；
4—油底壳；5—机油泵盖长螺栓（拧紧力矩为 20N·m）；6—机油泵齿轮；7—机油泵壳体；8—机油滤清器盖衬垫；
9—机油滤清器体；10—机油滤清器盖紧固螺栓（拧紧力矩为 25N·m）；11—机油滤清器盖；12、15—密封圈；
13—0.18MPa 压力开关（拧紧力矩为 25N·m）；14—0.031MPa 压力开关（拧紧力矩为 25N·m）；16—机油尺；17—加油口盖；
18—橡胶密封垫圈；19—带限压阀的机油泵盖；21—机油集滤器；22—机油泵盖短螺栓（拧紧力矩为 10N·m）；23—油底壳密封垫

### 1．机油泵的拆装

AFE 型发动机的机油泵为齿轮泵，由中间轴上的螺旋齿轮驱动，安装在汽缸体底平面第 3 缸附近设计的平台上。泵的出口直接向上通向汽缸体润滑油道，进入安装在汽缸体侧面的机油滤清器支架内。机油泵的进口与粗集滤器相连。

机油泵的结构与分解如图 2-73 和图 2-74 所示。

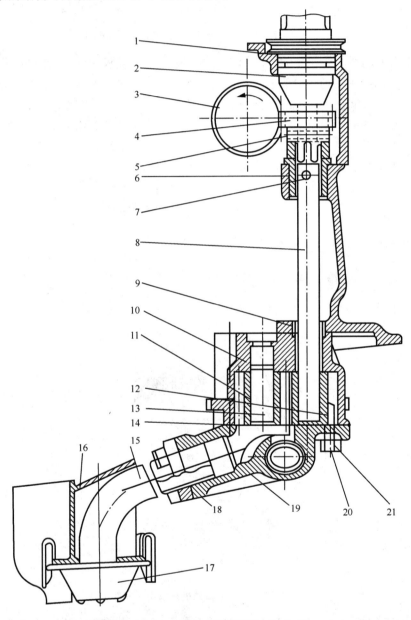

图 2-73　AFE 型发动机的机油泵的结构

1—密封垫片；2—分电器轴；3—中间轴驱动齿轮；4—分电器从动齿轮；5—定位销；
6—机油泵轴上支承座；7—定位螺孔；8—机油泵轴；9—机油泵轴下支承及定位套；
10—机油泵壳体；11—机油泵从动齿轮；12—机油泵的主动齿轮；13—从动齿轮轴；14—衬垫；
15—吸油管；16—吸油管支承套；17—集滤器；18—O 形密封圈；19—机油泵盖；20—短螺栓；21—垫片

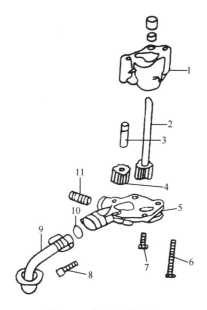

图 2-74　机油泵的分解

1—机油泵壳体；2—主动轴；3—从动轴；4—从动齿轮；
5—机油泵泵盖；6、7、8—螺栓；9—机油集滤器；10—密封垫；11—阀弹簧

（1）拆卸油底壳

① 拧下油底壳放油螺栓，放尽油底壳的润滑油。

② 拆下离合器防尘罩。

③ 以交叉对称的顺序拧下油底壳上的所有螺栓，拆下油底壳（必要时用橡胶锤轻轻敲出）。

（2）旋松分电器轴向限位卡板的紧固螺栓，拆下卡板。

（3）拔出分电器总成。

（4）旋松并拆下机油泵体与机体连接的两个长紧固螺栓，将机油泵及吸油部件一起拆下。

（5）拧松并拆下吸油管组紧固螺栓，拆下吸油管组，检查并清洗滤网。

（6）旋松并取下机油泵盖短紧固螺栓，取下机油泵盖组，检查泵盖上的限压阀观察泵盖接合面的磨损情况。

（7）分解主、从动齿轮，再分解齿轮和齿轮轴。

（8）安装时的基本顺序与拆卸顺序相反。

【注意】

① 更换所有的垫片。

② 按规定力矩拧紧螺栓。

**2．机油泵的检修**

（1）检查齿轮啮合间隙。检查时，将机油泵盖拆下，用厚薄规在互成 120°角三个位置

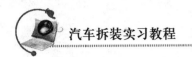

处测量机油泵主、从动齿轮的啮合间隙,如图 2-75 所示。新机油泵齿轮啮合间隙为 0.05mm,磨损极限值为 0.20mm。

(2)检查机油泵主从动齿轮与机油泵盖接合面的间隙。主从动齿轮与机油泵盖接合面间隙的检查方法如图 2-76 所示,正常间隙应为 0.05mm,磨损极限值为 0.15mm。

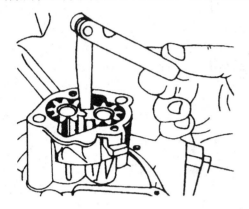

图 2-75    检查机油泵齿轮啮合间隙

图 2-76    检查机油泵主从动齿轮端面间隙

(3)检查机油泵主动轴的弯曲度。将机油泵主动轴支承在 V 形架上,用百分表检查弯曲度。如果弯曲度超过 0.03mm,则应对其进行校正或更换。

(4)检查主动齿轮与机油泵壳配合间隙。主动齿轮轴与机油泵壳配合间隙应为 0.03~0.075mm,磨损极限值为 0.20mm。否则,应对轴孔进行修复。

(5)检查机油泵盖。机油泵盖如有磨损、翘曲和凹陷超过 0.05mm,应以车、研磨等方法进行修复。

(6)检查限压阀。检查限压阀弹簧有无损伤、弹力是否减弱,必要时予以更换。检查限压阀配合是否良好、油道是否堵塞、滑动表面有无损伤,必要时更换限压阀。

### 3.机油泵安装后的试验

机油泵装复后,用手转动机油泵齿轮,应转动自如,无卡阻现象。将机油灌入机油泵内,用拇指堵住油孔,转动泵轴应有油压出,并能感到有压力。

机油泵装车后,通过压力表观察润滑油压力。在发动机温度正常的情况下,怠速运转时,润滑油压力不应低于 194kPa;当发动机高速运转时,润滑油压力不应大于 490kPa。如不符合标准,应调整限压阀,可在限压阀弹簧的一端加减调整垫圈的厚度,使机油压力达到规定值。

### 4.机油滤清器的拆装

机油滤清器采用粗(褶纸滤芯)、细(尼龙滤芯)细机油滤清器合为一体的过滤式滤清器,其结构如图 2-77 所示,工作流程如图 2-78 所示。粗滤器能滤去直径为 0.05~0.1mm 的机械杂质,细滤器能滤去直径为 0.001mm 以上的机械杂质。

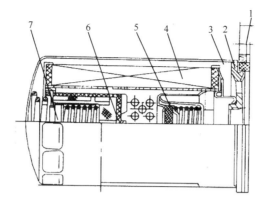

图 2-77 AFE 型发动机机油滤清器结构

1—密封圈；2—滤清器盖；3—滤清器壳；4—褶纸滤芯；5—止回阀；6—尼龙滤芯；7—旁通阀

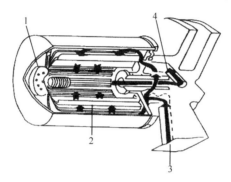

图 2-78 AFE 型发动机机油滤清器工作流程

1—旁通阀；2—褶纸滤芯；3—从油底壳来的脏油；4—通向发动机的清洁润滑油

机油滤清器装有用吸附能力不同的棉花、毛绒、人造纤维等不同材料制成的褶纸滤芯和尼龙滤芯，两种滤芯串联。机油滤清器还装有旁通阀和止回阀，防止滤芯被堵或发动机停止工作时，润滑油道内缺油。

机油滤清器为整体式，更换时应将外壳与滤芯一起更换。其更换步骤如下：

（1）用机油滤清器扳手拆下机油滤清器。具体操作如图 2-79 所示。

图 2-79 拆卸机油滤清器

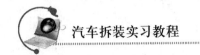
【注意】如需更换时，注意清洁机油滤清器表面。

（2）安装新滤清器，应在密封圈上涂上干净的机油，如图 2-80 所示。若不涂机油，安装时密封圈与接合面发生干摩擦，密封圈易翘曲和损坏，造成密封不良而漏油。

用手轻轻拧进机油滤清器，直到感觉有阻力为止，再用专用工具滤芯扳手重新拧紧机油滤清器 3/4 圈，如图 2-81 所示。

图 2-80　密封圈上涂满机油　　　　　　图 2-81　拧紧机油滤清器

【注意】①机油滤清器的拧紧力矩为 20 N·m。

②安装时衬垫必须更换，安装完毕后应检查是否存在泄露的情况（如有漏油现象，密封圈也应该更换）。

### 2.7.2　桑塔纳 AJR 型发动机润滑系统的拆装

与 AFE 型发动机润滑系统相比，AJR 型发动机润滑系的主要改变在于机油泵，它由原来的齿轮泵改为转子泵（转子泵的内齿为 7 齿，外齿为 6 齿，结构更为紧凑、体积小、重量轻、流量大）。AJR 型发动机的中间轴已被拿掉，机油泵直接由曲轴前端的链轮通过链条驱动，其驱动形式如图 2-82 所示。

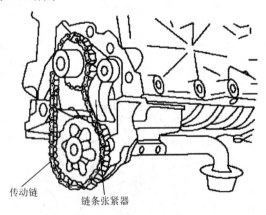

传动链　　链条张紧器

图 2-82　AJR 型发动机机油泵的驱动形式

由于 AJR 型发动机机油泵的安装位置移到了机体的前端底面，因此汽缸体内通往机油滤清器支架的油道设计得较长，通过滤清后的润滑油在机油滤清器支架内分为三路：一路进入汽缸体主油道，经主油道将润滑油分配到各曲轴主轴承，再由曲轴上的斜油孔通往各连杆轴承，由连杆体上的油孔通往连杆小头衬套；第二路通过安装在机油滤清器的一个止回阀进入汽缸体上的一个通向汽缸体上平面的油道，经汽缸盖上的第四个汽缸盖螺栓孔进入汽缸盖主油道，由此将润滑油分配到各凸轮轴轴颈和液压挺杆。第三路通往一个减压阀，油道内的压力过大时该阀打开，将部分润滑油旁通流回油底壳。

AJR 型发动机润滑系统零件组成如图 2-83 所示。

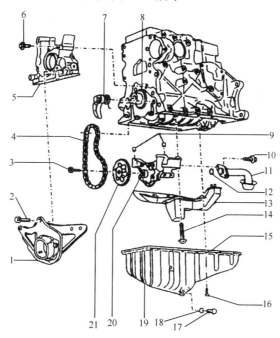

图 2-83　AJR 型发动机润滑系零件组成

1—扭力臂；2—螺栓；3—螺栓；4—机油泵传动链；5—曲轴前油封凸缘；6—油封凸缘固定螺栓；
7—链条张紧器；8—曲轴链轮；9—销钉；10、14、16—螺栓；11—吸油管；12—O 形密封圈；
13—挡油板；15—衬垫；17—放油螺塞；18—放油螺塞密封圈；19—油底壳；20—机油泵；21—机油泵链轮

### 1．油底壳的拆装

（1）放尽油底壳的机油，拆卸离合器防尘罩板。

（2）如图 2-84 所示的箭头，旋下副梁螺栓和发动机橡胶支承，缓缓放下副梁。

（3）旋下油底壳上的所有螺栓，拆卸油底壳，必要时用橡胶锤子轻轻敲击。

（4）安装时的基本顺序与拆卸顺序相反。

① 更换油底壳衬垫。

② 交替对角拧紧油底壳与汽缸体的紧固螺栓。

③ 安装好副梁。

④ 拧紧发动机橡胶支承。

【注意】主要部件螺栓拧紧力矩。发动机支承与副梁紧固螺栓拧紧力矩为（40±5）N·m，发动机支承与支架紧固螺栓拧紧力矩为（40±5）N·m，扭力臂与发动机紧固螺栓拧紧力

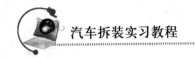
矩为（23±3）N·m。

图 2-84　旋下副梁螺栓和发动机橡胶支承

### 2．机油泵的拆装

（1）油底壳拆下以后，旋下如图 2-85 所示的螺栓。

（2）将链轮和机油泵一起拆下来。

（3）将销钉插入到机油泵上端，机油泵与链轮只能有一个安装位置。

（4）按与拆卸顺序相反的顺序安装机油泵。

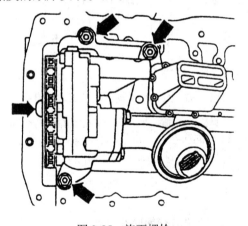

图 2-85　旋下螺栓

【注意】主要部件螺栓拧紧力矩。链轮与机油泵的紧固螺栓的拧紧力矩为（22±3）N·m，机油泵与汽缸体的紧固螺栓的拧紧力矩为（16±1）N·m。

### 3．机油滤清器的拆装

AJR 型发动机机油滤清器的组成如图 2-86 所示，其拆装与 AFE 型发动机机油滤清器的拆装相同。拆装时，应使用机油滤清器扳手，机油滤清器螺栓拧紧力矩为 20N·m。

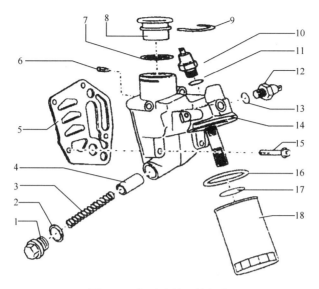

图 2-86　机油滤清器的组成

1—螺栓；2—密封圈；3—弹簧（用于减压阀，约 0.4MPa）；4—柱塞（用于泄压阀）；5—衬垫；

6—压力止回阀（在机油滤清器支架内）；7—密封圈；8—盖子；9—夹箍；

10—0.025MPa 的油压开关（棕色绝缘）；11—密封圈；12—0.18MPa 机油压力开关（白色绝缘）；

13—密封圈；14—机油滤清器支架；15—机油滤清器支架紧固螺栓；16—衬垫；17—密封圈；18—机油滤清器

## 2.7.3　润滑系统拆装注意事项

润滑系统拆装注意事项如下。

（1）放机油时，必须将油桶对准出油口，防止溅到身上。

（2）安装时，所有螺栓和螺母的紧固力矩应符合规定。所有自锁螺母，必须更换新件。

（3）装复时，各零件应清洁干净，确保无油污、无残留物。

（4）机油油位切勿超过最高（max）标记，否则可能损坏催化转换器。

（5）安装前，配合面要先清洗干净，并使用合适的密封圈。

（6）发动机机油的使用注意事项：

① 若不是通用油，则汽油发动机机油不能用于柴油发动机上。

② 质量等级较高的润滑油可替代质量等级较低的润滑油，反之则不能。

③ 经常检查润滑油的液面高度。

④ 适时（定期或按质）换油。

⑤ 严防水分、杂质等污染润滑油。

# 第3章  底盘的拆装

## 3.1  传动系统的拆装

以桑塔纳 2000 汽车为例进行拆装，该车型采用发动机前置前轮驱动的布置形式，其传动系统组成示意如图 3-1 所示，传动系统由离合器、变速器、主减速器、差速器、等速万向节和半轴等组成。

图 3-1  桑塔纳 2000 传动系统组成示意

1—发动机；2—离合器；3—变速器；4—主减速器与差速器；5—等速万向节；6—半轴；7—驱动轮；8—盘式制动器

### 3.1.1  变速器、主减速器和差速器总成的拆卸

变速器、主减速器和差速器总成的拆卸步骤如下。

（1）拆下蓄电池搭铁线。

（2）如图 3-2 所示，旋下离合器工作缸与变速器壳体的连接螺栓，取下离合器工作缸。

（3）举升汽车，旋下变速器放油螺塞，将变速器齿轮油放空。

（4）如图 3-3 所示，旋下两侧半轴与差速器凸缘的连接螺栓，并用铁丝将两侧半轴固定好。

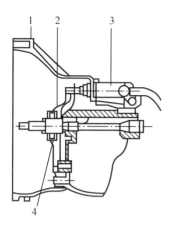

图 3-2　离合器工作缸位置示意

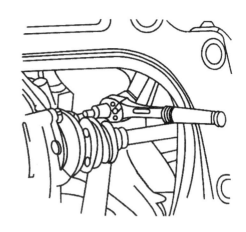

图 3-3　半轴拆卸示意

1—变速器壳体；2—离合器分离板；3—离合器工作缸；

4—离合器分离轴承

（5）如图 3-4 所示，旋下变速器内换挡杆与离合块的连接螺栓。

（6）如图 3-5 所示，用一字旋具按箭头 1 方向撬出箭头 2 所指的支撑杆球头，并将内换挡杆与离合块分离。

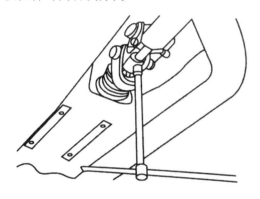

图 3-4　内换挡杆与离合块连接螺栓拆卸示意

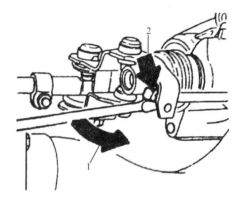

图 3-5　支撑杆球头拆卸示意

（7）旋下图 3-6 中箭头所指支撑杆与变速器的连接螺栓，取下支撑杆。

（8）如图 3-7 所示，拔下车速里程表传感器的线束插头。

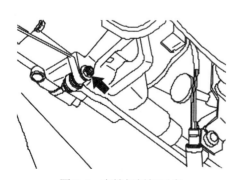

图 3-6　支撑杆拆卸示意

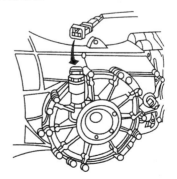

图 3-7　车速里程表传感器位置示意

图 3-8　发动机中间支架紧固螺栓位置示意

（9）拔下倒车灯开关的线束插头。

（10）拆下排气管。

（11）降下汽车，将发动机固定好，旋下发动机与变速器壳体连接螺栓中的上半部分螺栓。

（12）举升汽车，旋下启动机与变速器壳体的连接螺栓，取下启动机。

（13）交替旋松并取下图 3-8 中箭头所指发动机中间支架与车身的紧固螺栓，取下发动机中间支架。

（14）变速器减振垫组件如图 3-9 所示，旋下减振垫前、后支架的固定螺栓，取下减振垫前、后支架。

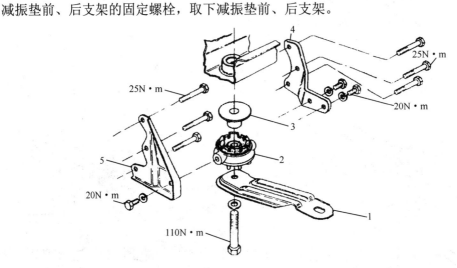

图 3-9　变速器减振垫组件

1—变速器支架；2—变速器减振垫；3—减振垫隔离物；4—减振垫后支架；5—减振垫前支架

（15）如图 3-10 所示，旋下螺栓 1，并旋松螺栓 2，取下变速器减振垫。

（16）旋下发动机与变速器连接螺栓中的下半部分螺栓，用变速器托架撑住变速器，用一字旋具将变速器向后撬动，将变速器托架下降 2～3mm，一边晃动变速器一边向后拉，把变速器落在托架上。

（17）将变速器托架降至最低位置，移出变速器托架。

（18）降下汽车。

（19）旋下离合器分离板在变速器壳体上的紧固螺栓，拉出分离板和分离轴承组合件。

（20）扳动分离轴承与分离板的固定卡舌，将两者分开。

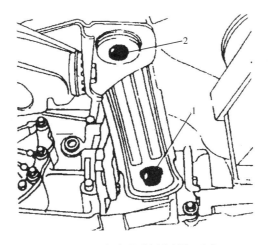

图 3-10　变速器减振垫拆卸示意

## 3.1.2　离合器的拆装

离合器各组成部分的结构如图 3-11 和图 3-12 所示。

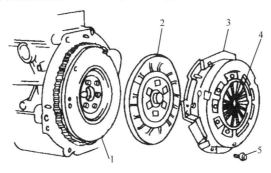

图 3-11　离合器各组成部分的结构示意

1—飞轮；2—从动盘；3—离合器盖和压盘组合件；4—膜片弹簧；5—离合器固定螺栓

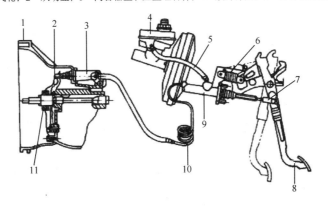

图 3-12　离合器液压操纵系统结构示意

1—变速器壳体；2—分离板；3—工作缸；4—储液罐；5—低压油管；6—助力弹簧；
7—主缸推杆叉；8—离合器踏板；9—主缸；10—高压油管；11—分离轴承

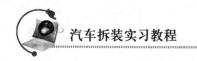

离合器的拆装步骤如下。

（1）举升汽车。

（2）将飞轮固定，做好离合器盖和飞轮的装配标记，然后对角、分多次旋松并取下离合器固定螺栓，取下离合器盖和压盘组合件、离合器从动盘。

（3）将低压油管从离合器主缸上拆下，用夹子夹住低压油管。

（4）将一根胶管的一端套在离合器工作缸的放气螺栓上，另一端放入盛放制动液的专用容器中，旋松放气螺栓，使制动液流入容器中。多次踩踏离合器踏板，直至制动液从系统中完全流出。

（5）将高压油管从离合器主缸上拆下。

（6）取下离合器踏板与主缸推杆叉的连接销轴。

（7）旋下离合器主缸与车身的连接螺栓（其拧紧力矩为20N·m）。

（8）取下离合器主缸。

（9）将高压油管与离合器工作缸分离。

（10）将所有拆下的零部件置于工作台上。

（11）安装顺序与拆卸顺序相反。但需注意，液压缸上的橡胶碗、橡胶圈要按正确方向装复，不得打褶。

（12）装复后需对液压操纵系统进行排气。

将胶管的一端套在离合器工作缸的放气螺栓上，另一端放入盛有一半制动液的透明容器底部。排气作业由两人配合进行，一个人在驾驶室内连续踩动离合器踏板，使踏板位置升高并保持踩下踏板不动。此时，在车下的另一个人拧松放气阀，使管路中的空气和制动液一同排出。当踏板位置降低时，立即拧紧放气阀。如此反复多次，直到透明容器内没有气泡排出为止。拧紧放气阀并装好防尘套。

在排气时应一边排除空气，一边检查储液罐液面的高度，并及时补充制动液，以免空气重新进入管路，直到空气完全排放干净为止，将储液罐的制动液补充到规定位置。

### 3.1.3　变速器、主减速器和差速器总成的解体

桑塔纳2000变速器结构如图3-13所示。

（1）将变速器固定在翻转架上。

（2）用一字旋具撬下后轴承盖（一经拆卸就需要更换）。

（3）固定变速器输入轴，如图3-14所示，旋下变速器输入轴紧固螺栓并取下垫片。

（4）分2～3次对角松开并旋下变速器后盖与轴承座壳体的紧固螺栓，如图3-15所示用专用工具拉出变速器后盖。

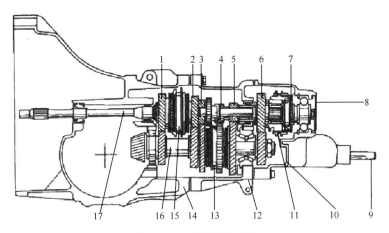

图 3-13　变速器结构示意

1—输入轴四挡齿轮；2—输入轴三挡齿轮；3—输入轴二挡齿轮；4—倒挡齿轮；5—输入轴一挡齿轮；6—输入轴五挡齿轮；
7—五挡同步器套管；8—后轴承盖；9—内换挡杆；10—变速器后盖；11—五挡同步器；12—轴承座壳体；13——/二挡同步器；
14—变速器壳体；15—三/四挡同步器；16—输出轴；17—输入轴

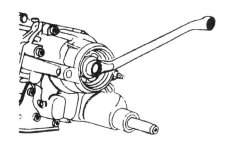

图 3-14　拆卸输入轴紧固螺栓

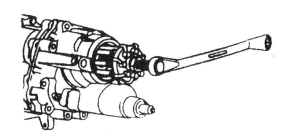

图 3-15　拆卸变速器后盖

（5）从变速器后盖上拆下内换挡杆密封圈，如图 3-16 所示，用压力机沿箭头方向压出内换挡杆的衬套。

（6）如图 3-17 所示，从变速器后盖上取下输入轴后轴承外侧的挡油圈。

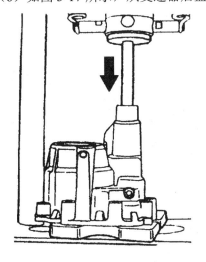

图 3-16　拆卸内换挡杆衬套

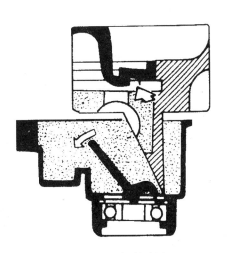

图 3-17　拆卸挡油圈

（7）拆下固定输入轴后轴承的止动环，用压力机沿图 3-18 中箭头方向压出输入轴后轴承。

（8）将挡位挂入空挡，转动内换挡杆，顺势将内换挡杆拔出。

（9）用手锤和铁钉将固定五挡换挡拨叉的止动销小心地敲出（止动销拆卸后需更换）。

（10）取下五挡同步器套管、五挡换挡拨叉、五挡同步器和五挡齿轮，按顺序放于干净的工作台上。

（11）从输入轴上拆下两个五挡齿轮滚针轴承。

（12）如图 3-19 所示，用二爪拉马拉出五挡齿轮滚针轴承内圈和固定垫圈。

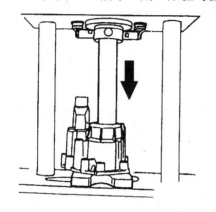

图 3-18　输入轴后轴承拆卸示意

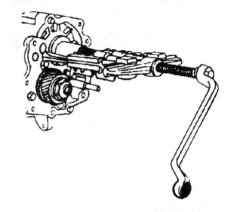

图 3-19　拆卸五挡齿轮轴承内圈和固定垫圈

（13）用手锤和铁钉将固定一/二挡拨块的止动销小心地敲出（止动销拆卸后需更换），取下一/二挡拨块。

（14）挂上一挡，锁住输入轴，拆下输出轴的五挡齿轮固定螺母。

（15）如图 3-20 所示，用二爪拉马拉出输出轴上的五挡齿轮（注意齿轮的正反）。

（16）分 2～3 次松开轴承座壳体与变速器壳体之间的连接螺栓，如图 3-21 所示，分开导向销（不用取下）。

（17）取下轴承座壳体与齿轮机构总成，放置于工作台上。

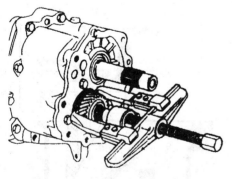
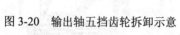

图 3-20　输出轴五挡齿轮拆卸示意

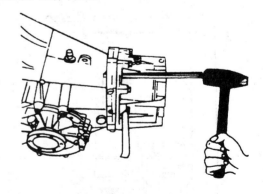

图 3-21　分开导向销

（18）拆卸倒挡自锁装置，旋下倒挡拨叉的紧固螺栓，取出倒挡拨叉。

（19）挂入空挡，取下五挡/倒挡拨叉轴。

（20）用手锤和铁钉将固定三/四挡换挡拨叉的止动销小心地敲出（止动销拆卸后需

更换）。

（21）取下三/四挡拨叉轴和换挡拨叉。

【注意】三/四挡拨叉轴上有一个小互锁销，需防止丢失。

（22）取出大互锁销，注意大互锁销的方向。

（23）如图 3-22 所示，用压力机压出输入轴、输出轴和一/二挡换挡拨叉轴，并同时取下输出轴的外后轴承。

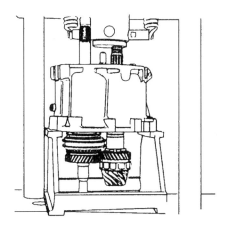

图 3-22　输出轴拆卸示意

（24）输入轴的分解。输入轴的组成如图 3-23 所示。

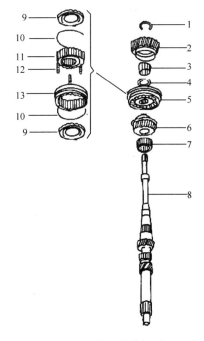

图 3-23　输入轴的组成

1—有齿卡簧；2—四挡齿轮；3—四挡齿轮滚针轴承；4—卡簧；5—三/四挡同步器；6—三挡齿轮；7—三挡齿轮滚针轴承；
8—输入轴；9—同步环；10—钢丝弹簧；11—花键毂；12—滑块；13—接合套

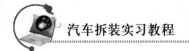

① 用卡簧钳拆下固定四挡齿轮的有齿卡簧。

② 取下四挡齿轮、四挡齿轮滚针轴承。

③ 如图 3-24 所示，用卡簧钳拆下固定三/四挡同步器的卡簧。

④ 如图 3-25 所示，用压力机沿箭头方向下压，取下三/四挡同步器、三挡齿轮和三挡齿轮滚针轴承。

⑤ 如图 3-26 所示，用压力机按箭头方向压出输入轴中间轴承内圈。

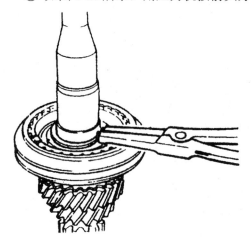

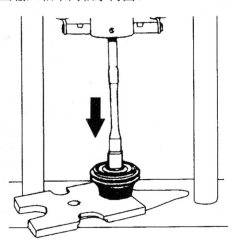

图 3-24　同步器卡簧拆卸示意　　　　　　图 3-25　三/四挡同步器拆卸示意

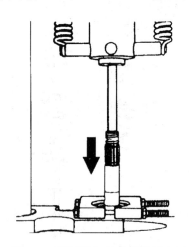

图 3-26　拆卸输入轴中间轴承内圈

（25）输出轴的分解。输出轴的组成如图 3-27 所示。

① 如图 3-28 所示，用压力机沿箭头方向压出输出轴内后轴承和一挡齿轮。

② 取下一挡齿轮滚针轴承。

③ 如图 3-29 所示，用压力机沿箭头方向压出一挡齿轮滚针轴承的内圈、一/二挡同步器、二挡齿轮。

【注意】一/二挡同步器的接合套上带有倒挡齿轮，装复时切勿装反。

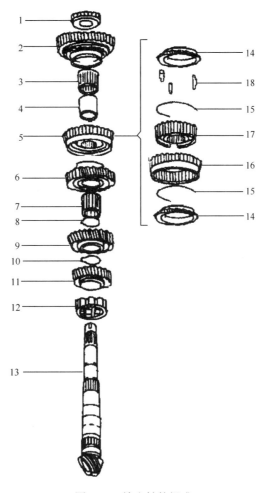

图 3-27　输出轴的组成

1—输出轴内后轴承；2—一挡齿轮；3—一挡齿轮滚针轴承；4—一挡齿轮滚针轴承内圈；5—一/二挡同步器；6—二挡齿轮；
7—二挡齿轮滚针轴承；8—卡簧；9—三挡齿轮；10—卡簧；11—四挡齿轮；12—输出轴前轴承；13—输出轴；14—同步环；
15—钢丝弹簧；16—接合套；17—花键毂；18—滑块

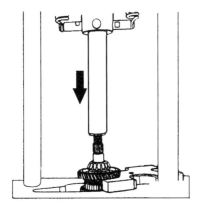

图 3-28　输出轴内后轴承拆卸示意

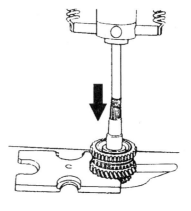

图 3-29　一/二挡同步器拆卸示意

④ 取下二挡齿轮滚针轴承。

⑤ 用卡簧钳拆下固定三挡齿轮的卡簧，用压力机沿图 3-30 中箭头方向压出三挡齿轮。

⑥ 用卡簧钳拆下固定四挡齿轮的卡簧，用压力机沿图 3-31 中箭头方向压出四挡齿轮。

⑦ 拆下输出轴前轴承。

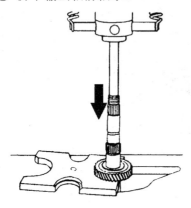 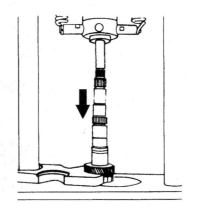

图 3-30　三挡齿轮拆卸示意　　　　　　　　图 3-31　四挡齿轮拆卸示意

（26）拆下倒挡轴，取出倒挡齿轮。

（27）如图 3-32 所示，用压力机从轴承座壳体上压出内换挡杆的衬套。

（28）从轴承座壳体上取下输入轴中间轴承的止动环，如图 3-33 所示，用压力机将输入轴中间轴承沿箭头方向压出。

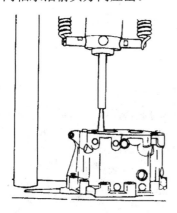 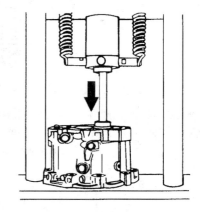

图 3-32　内换挡杆衬套拆卸示意　　　　　　图 3-33　输入轴中间轴承拆卸示意

（29）从轴承座壳体上旋下输出轴后轴承外圈的固定螺栓，如图 3-34 所示，用压力机沿箭头方向压出输出轴后轴承外圈。

【注意】取出输出轴后轴承外圈时会有调整垫片，需防止丢失。

（30）在自锁装置（图 3-35）的堵塞上钻一个 $\phi$6mm 的螺纹，用螺栓将自锁装置的堵塞拆下，取下自锁弹簧和自锁钢球。

【注意】安装时需要更换新的堵塞。

（31）旋下变速器的加油螺塞。

（32）旋下车速里程表传感器的固定螺栓，取出车速里程表传感器。

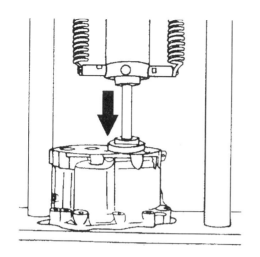

图 3-34　输出轴后轴承外圈拆卸示意

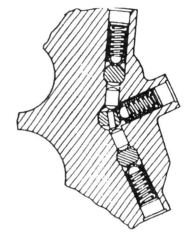

图 3-35　自锁装置结构示意

（33）如图 3-36 所示，锁住差速器凸缘，旋下凸缘的紧固螺栓，取下差速器凸缘。

（34）分 2～3 次对角旋松并取下差速器盖的固定螺栓，然后撬出差速器盖，如图 3-37 所示。

（35）从变速器壳体内取出差速器组件（带主减速器从动锥齿轮），并将其置于工作台上。

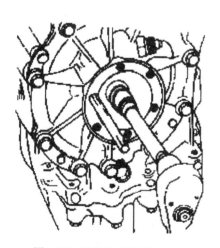

图 3-36　差速器凸缘拆卸示意

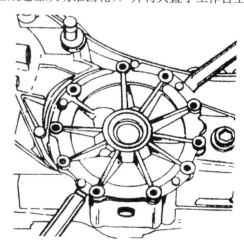

图 3-37　差速器盖拆卸示意

（36）分解差速器组件，其构成如图 3-38 所示。

①　如图 3-39 所示，用二爪拉马拉出主减速器轴承，取下车速里程表主动齿轮的锁紧套筒和车速里程表主动齿轮。

②　如图 3-40 所示，用二爪拉马拉出另一侧的主减速器轴承。

③　如图 3-41 所示，用铝质的夹具将差速器壳固定在台虎钳上，旋下从动锥齿轮的紧固螺栓，取下主减速器从动锥齿轮。

【注意】从动锥齿轮的紧固螺栓是自动锁紧的，一经拆卸必须更换。

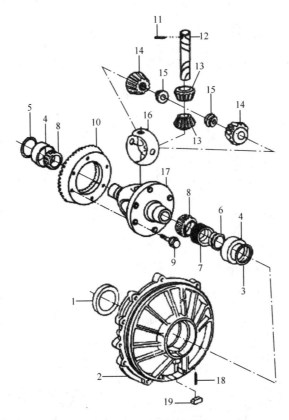

图 3-38　差速器组件构成

1—密封圈；2—差速器盖；3—从动锥齿轮的调整垫片 S1；4—轴承外圈；5—从动锥齿轮的调整垫片 S2；6—锁紧套筒；
7—车速表主动齿轮；8—主减速器轴承；9—螺栓；10—从动锥齿轮；11—止动销；12—行星齿轮轴；13—行星齿轮；
14—半轴齿轮；15—螺纹套；16—复合式止推垫片；17—差速器壳；18—磁铁固定销；19—磁铁

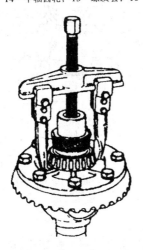

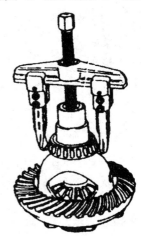

图 3-39　拆卸主减速器轴承与车速表主动齿轮　　　　图 3-40　拆卸主减速器轴承

④ 转动两个半轴齿轮和螺纹套，并将其从差速器壳内取出。

⑤ 如图 3-42 所示，拆卸固定行星齿轮轴的止动销。

【注意】止动销拆卸后需更换。

⑥ 将行星齿轮轴和行星齿轮从差速器壳内取出。

⑦ 取出复合式止推垫片。

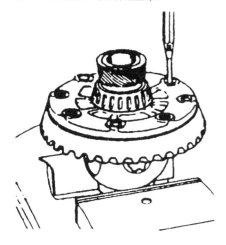

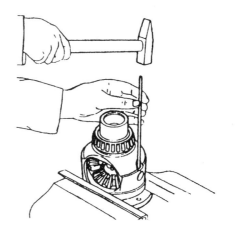

图 3-41　拆卸主减速器从动锥齿轮　　　　图 3-42　拆卸行星齿轮轴止动销

（37）如图 3-43 所示，从变速器壳体上拆下输入轴的密封圈。

【注意】密封圈一经拆卸，就应更换。

（38）从变速器壳体上小心取下图 3-44 中箭头所指的输入轴挡油圈。

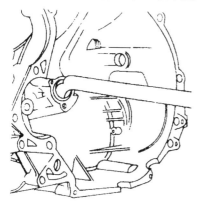

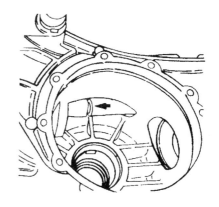

图 3-43　输入轴密封圈拆卸示意　　　　图 3-44　输入轴挡油圈拆卸示意

（39）如图 3-45 所示，沿箭头方向从变速器壳体上小心地取下输入轴滚针轴承。

（40）拆下输出轴前轴承外圈的圆柱销，如图 3-46 所示，用专用工具沿箭头方向压出输出轴前轴承外圈。

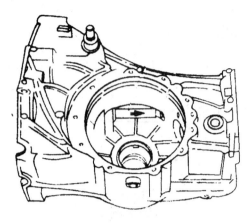

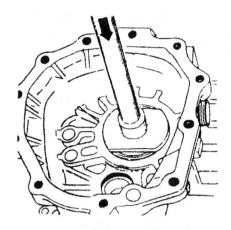

图 3-45　输入轴滚针轴承拆卸示意　　　　图 3-46　输出轴前轴承外圈拆卸示意

### 3.1.4　总成组装前的检查

总成组装前的检查事项如下。

（1）检查主减速器主动锥齿轮的损坏情况。如果已经损坏，与主减速器从动锥齿轮一起更换。

（2）检查变速器所有齿轮的损坏情况。如需要更换，除更换损坏的齿轮外，还需更换另一轴上的相应齿轮。

（3）检查变速器所有轴承的损坏情况。

（4）清洗同步环的内锥面（图 3-47）。

（5）如图 3-48 所示，将同步环压在各自齿轮的锥面上检查间隙 $A$ 的大小，其规定值如表 3-1 所示。

（6）同步环扭曲度的检查

① 将同步环贴在平滑的表面上（平板、玻璃等）对其扭曲程度进行检查。

② 将同步环装在各自齿轮的锥面上，如图 3-49 所示，用轻度的压力摆动同步环对侧面间隙进行检查。

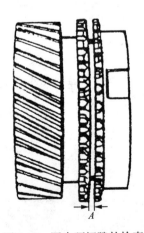

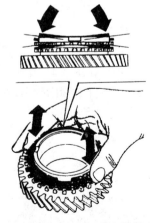

图 3-47　同步环　　　　图 3-48　同步环间隙的检查　　　　图 3-49　同步环扭曲度的检查

表 3-1　同步环间隙规定值

| 同步环 | 间隙规定值/mm | |
|---|---|---|
| | 新的零件 | 磨损的限度 |
| 一/二挡 | 1.10～1.17 | 0.05 |
| 三/四挡 | 1.35～1.90 | 0.05 |
| 五挡 | 1.10～1.70 | 0.05 |

## 3.1.5　变速器、主减速器和差速器总成的组装

（1）如图 3-50 所示，在变速器壳体上装上输出轴前轴承外圈。

【注意】在装上输出轴前轴承外圈时，要将外圈上的小孔与壳体上的小孔对准。

（2）装上输出轴前轴承外圈的圆柱销（圆柱销不应全部插入，头部应突出壳体大约 3.0mm）。

（3）在变速器壳体上装上新的输入轴滚针轴承、挡油圈、密封圈。

（4）差速器组件（带主减速器从动锥齿轮）的组装。

① 将复合式止推垫片涂上齿轮油，并装入差速器壳内。

② 如图 3-51 所示，通过差速器凸缘和螺纹套将半轴齿轮固定在差速器壳上。

③ 如图 3-52 所示，将行星齿轮放在适当的位置上，接着转动半轴凸缘使行星齿轮进入差速器壳。

④ 如图 3-53 所示，装上行星齿轮轴，并用止动销将行星齿轮轴固定。

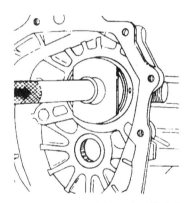

图 3-50　输出轴前轴承外圈的安装

图 3-51　半轴齿轮的安装

图 3-52　行星齿轮的安装

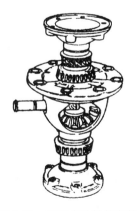

图 3-53　行星齿轮轴的安装

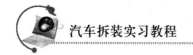
⑤ 取下两个差速器凸缘。

⑥ 将主减速器从动锥齿轮加热到120℃，并将其装配于差速器壳上。

⑦ 装上新的从动锥齿轮紧固螺栓并分多次对角拧紧，拧紧力矩为70N·m。

⑧ 用120℃的温度加热两侧主减速器轴承并将其装在差速器壳上，如图3-54所示，用压力机将轴承压到位。

⑨ 如图3-55所示，装上车速里程表主动齿轮和锁紧套筒，使锁紧套筒和主动齿轮间的高度差 $x=1.8$mm。

【注意】安装过程中不要损伤车速里程表主动齿轮。

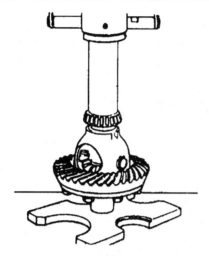

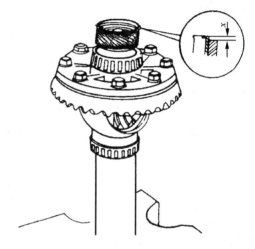

图3-54　安装主减速器轴承　　　　　图3-55　安装车速里程表主动齿轮和锁紧套筒

（5）用适当的齿轮油润滑主减速器轴承，将差速器组件装入变速器壳体内。

（6）装上差速器盖并以25N·m的力矩对角拧紧。

（7）装上两侧的差速器凸缘，并以20N·m的力矩拧紧差速器凸缘的固定螺栓。

（8）装上车速里程表传感器，拧紧固定螺栓。

（9）用25N·m的力矩拧紧放油螺塞和加油螺塞。

（10）将自锁钢球和自锁弹簧装入轴承座壳体内，装上新的堵塞。

（11）如图3-56所示，装上输出轴后轴承外圈和调整垫片。

（12）用25N·m的力矩旋紧输出轴后轴承外圈的固定螺栓。

（13）如图3-57所示，装上输入轴的中间轴承，并用止动环将其固定。

（14）如图3-58所示，装上内换挡杆衬套。

（15）装上倒挡齿轮、倒挡轴、倒挡拨叉轴及倒挡拨叉。

（16）装上垫圈和倒挡拨叉的固定螺栓。如图3-59所示，将箭头所指拨叉往下压，并旋入螺栓，直至碰到拨叉，将倒挡拨叉朝螺栓压去，旋入螺栓，直至听到螺栓旋入的声响。用35N·m的力矩旋紧螺栓，挂倒挡几次，并证实在各个位置上操作灵活（如果操作不灵活，可能无法挂入倒挡，重复此项操作）。

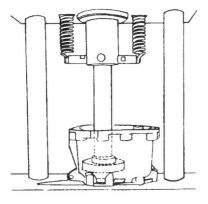

图 3-56　安装输出轴后轴承外圈

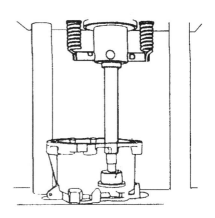

图 3-57　安装输入轴中间轴承

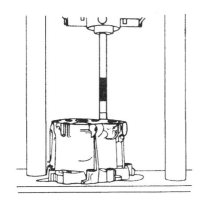

图 3-58　安装内换挡杆衬套

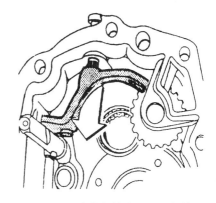

图 3-59　安装倒挡拨叉固定螺栓

（17）装上倒挡的自锁装置，取下倒挡轴和倒挡齿轮。

（18）输出轴的组装

① 将输出轴前轴承装在输出轴上。

② 将四挡齿轮（有凸缘的一边应朝向轴承）套入输出轴上，如图 3-60 所示，用手扶住输出轴前轴承，利用压力机将四挡齿轮压到位。

③ 用卡簧将四挡齿轮固定好。

④ 按如图 3-61 所示安装三挡齿轮，凸缘应朝向四挡齿轮。

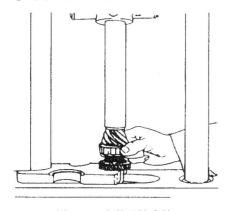

图 3-60　安装四挡齿轮

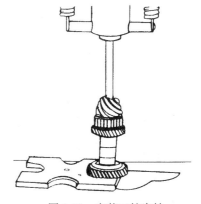

图 3-61　安装三挡齿轮

⑤ 如图 3-62 所示，利用厚薄规测量卡簧槽的厚度，根据测得的尺寸选装适当的卡簧。

【注意】如果测量尺寸小于 1.6mm，选装 1.5mm 厚的卡簧；如果测量尺寸大于或等于 1.6mm，选装 1.6mm 厚的卡簧。

⑥ 安装二挡齿轮滚针轴承、二挡齿轮。

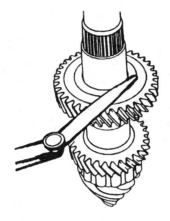

图 3-62　测量卡簧槽厚度

⑦ 组装一/二挡同步器。如图 3-63（a）所示，花键毂的宽槽应朝向接合套拨叉槽的一侧。如图 3-63（b）所示，花键毂上有三个凹口，接合套上有三个凹陷的内齿，凹口和凹陷的内齿位置应吻合。如图 3-63（c）所示，装上滑块和钢丝弹簧，钢丝弹簧弯的一端应嵌入滑块内。

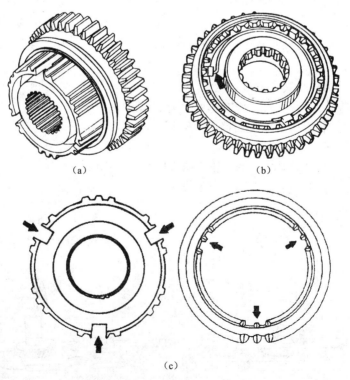

（a）　　　　　　　　　　　　（b）

（c）

图 3-63　一/二挡同步器组装示意

⑧ 如图 3-64 所示，用压力机装上一/二挡同步器，同步器接合套上的拨叉槽应朝向二挡齿轮。

⑨ 如图 3-65 所示，用压力机装上一挡齿轮滚针轴承的内圈。

⑩ 装上一挡齿轮滚针轴承、一挡齿轮。

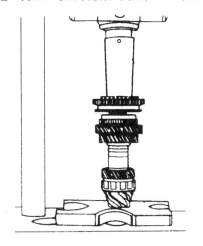

图 3-64　一/二挡同步器安装示意

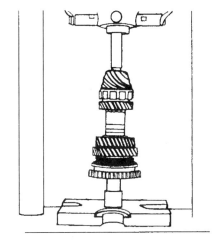

图 3-65　一挡齿轮滚针轴承内圈安装示意

⑪ 如图 3-66 所示，用压力机装上输出轴内后轴承。

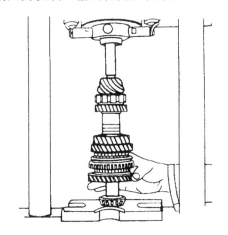

图 3-66　输出轴内后轴承安装示意

（19）将带拨叉的一/二挡拨叉轴、输出轴装在轴承座壳体上。

（20）装上倒挡轴和倒挡齿轮。

（21）输入轴的组装。

① 如图 3-67 所示，用压力机装上输入轴中间轴承的内圈。

② 组装三/四挡同步器（方法与一/二挡同步器的组装相同）。

③ 如图 3-68 所示，装上三挡齿轮滚针轴承、三挡齿轮、三/四挡同步器。

④ 用卡簧钳装上卡簧，将三/四挡同步器固定好。

⑤ 装上四挡齿轮滚针轴承、四挡齿轮，再装上有齿卡簧。

⑥ 用 2kN 的力将三挡齿轮、三/四挡同步器和四挡齿轮紧紧压在有齿卡簧上。

（22）将输入轴装在轴承座壳体上。

（23）装入互锁销，使变速器处于空挡。

（24）装入三/四挡拨叉轴和拨叉，并用止动销固定。

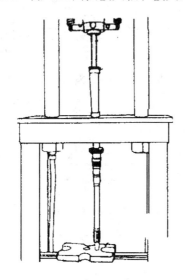

图 3-67　输入轴中间轴承内圈的安装

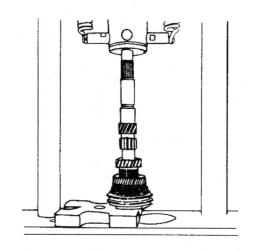

图 3-68　三挡齿轮及三/四挡同步器的安装

（25）如图 3-69 所示，将输出轴的外后轴承装在轴承座壳体上。

（26）敲出导向销，装上衬垫，将轴承座壳体对准导向销的位置装在变速器壳体上，并用 25N·m 的力矩拧紧轴承座壳体与变速器壳体之间的连接螺栓。

（27）如图 3-70 所示，装上固定垫圈和五挡齿轮滚针轴承的内圈。

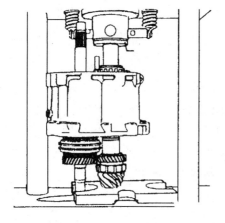

图 3-69　输出轴外后轴承的安装

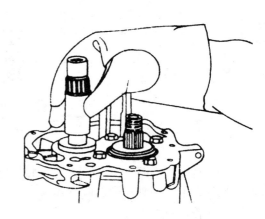

图 3-70　安装固定垫圈和五挡齿轮滚针轴承内圈

（28）如图 3-71 所示，将五挡从动齿轮装在输出轴上。

（29）将五挡齿轮滚针轴承、五挡齿轮、五挡同步器和五挡拨叉装在输入轴上。

（30）如图 3-72 所示，将五挡同步器套管装在输入轴上。

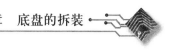

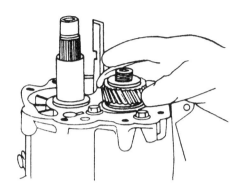

图 3-71　五挡从动齿轮安装示意

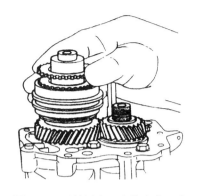

图 3-72　五挡同步器套管安装示意

（31）挂上一挡，锁住输入轴，装上输出轴的固定螺母，并用 100N·m 的力矩将其拧紧。

（32）在一/二挡拨叉轴上装上一/二挡拨块。

（33）如图 3-73 所示，将内换挡杆上的弹簧两端放在三/四挡拨叉轴上，使内换挡杆凸起与拨叉轴的凹槽对齐（成直线），朝左转动内换挡杆并往里按压，使其安装在轴承座壳体上。

（34）如图 3-74 所示，用止动销固定一/二挡拨块及五挡拨叉。

图 3-73　内换挡杆安装示意

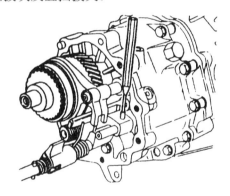

图 3-74　一/二挡拨块固定示意

（35）如图 3-75 所示，沿箭头方向将输入轴后轴承装在后盖上，装上止动环。

（36）装上挡油圈，如图 3-76 所示，在箭头所指的部位冲压将挡油圈固定。

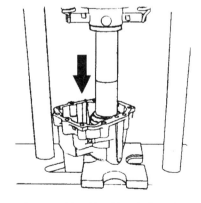

图 3-75　输入轴后轴承安装示意

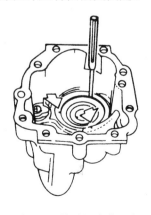

图 3-76　挡油圈安装示意

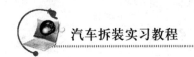

（37）装上内换挡杆的衬套，装上衬套的密封圈。

（38）在轴承座壳体和变速器后盖之间装上密封衬垫。

（39）分 2～3 次对角旋上变速器后盖与轴承座壳体的紧固螺栓，并以 25N·m 的力矩拧紧。

（40）旋上变速器输入轴的紧固螺栓，并以 45N·m 的力矩拧紧。

（41）装上新的后轴承盖。

### 3.1.6　变速器、主减速器和差速器总成的安装

安装顺序与拆卸顺序相反。有关螺栓的拧紧力矩如表 3-2 所示。

表 3-2　螺栓拧紧力矩

| 部件 | 拧紧力矩/（N·m） |
| --- | --- |
| 变速器固定在发动机上的螺栓 | 55 |
| 变速器减振垫前、后支架固定在变速器壳体上的螺栓 | 25 |
| 减振垫固定在前、后支架上的螺栓 | 20 |
| 减振垫固定在车身上的螺栓 | 110 |
| 变速器支架固定在横梁上的螺栓 | 70 |
| 发动机中间支架固定在车身上的螺栓 | 30 |
| 半轴与差速器凸缘的连接螺栓 | 40 |
| 内换挡杆与离合块的连接螺栓 | 30 |

### 3.1.7　变速器外部操纵机构的拆装

变速器外部操纵机构组成如图 3-77 所示，其拆装步骤如下。

（1）旋下换挡手柄，取下防尘罩。

（2）取下中央通道前饰罩，参见"4.1 仪表板的拆装"。

（3）拆下固定在上换挡杆上的卡簧，取下挡圈和弹簧。

【注意】卡簧一经拆卸，就要更换。

（4）旋下换挡杆支架的固定螺栓，取下换挡杆支架。

【注意】换挡杆支架不可分解，一旦发现任何零件损坏，就要全部更换。

（5）旋下换挡杆罩壳的固定螺栓，取下换挡杆罩壳。

（6）旋下上换挡杆与外换挡杆的连接螺栓，将上换挡杆与外换挡杆分离。

（7）旋下换挡接合器与外换挡杆之间连接夹箍的紧固螺栓，断开换挡接合器与外换挡杆的连接。

（8）旋下轴承左侧压板与轴承右侧压板的连接螺栓，取下轴承左侧压板、轴承右侧压板、支撑轴、罩盖、换挡接合器和离合块。

（9）安装顺序与拆卸顺序相反，但需注意以下三个方面：

① 用润滑脂润滑换挡杆支架内部件。

② 装上换挡杆支架，螺栓不用旋紧，如图 3-78 所示，将换挡杆支架上的孔与换挡杆罩壳上的孔对准，用 10N·m 的力矩旋紧螺栓。

③ 检查各挡的啮合情况（如有必要移动换挡杆支架上的椭圆孔来调整）。

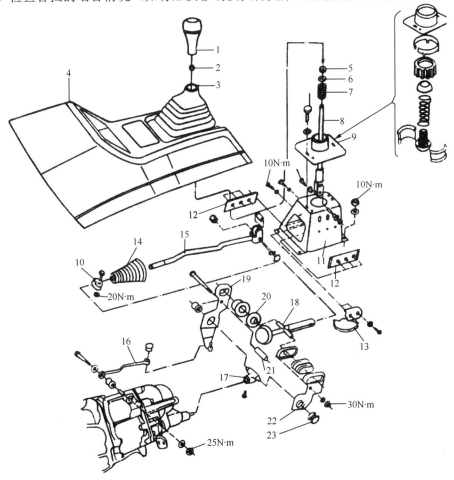

图 3-77　变速器外部操纵机构组成示意

1—换挡手柄；2—防尘罩衬套；3—防尘罩；4—中央通道前饰罩；5—卡簧；6—挡圈；7—弹簧；8—上换挡杆；
9—换挡杆支架；10—夹箍；11—换挡杆罩壳；12—缓冲垫；13—倒挡缓冲垫；14—密封罩；15—外换挡杆；16—支撑杆；
17—离合块；18—换挡接合器；19—轴承右侧压板；20—罩盖；21—支撑轴；22—轴承左侧压板；23—塑料衬套

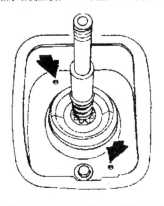

图 3-78　换挡杆支架孔与换挡杆罩壳孔位置示意

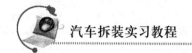
## 3.2 行驶系统的拆装

桑塔纳 2000 汽车的行驶系统由车轮、悬架和车桥等组成，行驶系统的拆装如下。

### 3.2.1 车轮的拆装

车轮的拆装步骤如下。

（1）取下车轮装饰罩。

（2）用十字架扳手按对角顺序旋松车轮与轮毂连接的紧固螺母。

（3）举升汽车，使车轮离地。

（4）旋下车轮与轮毂连接的紧固螺母。

【注意】不要碰掉车轮平衡块。

（5）取下车轮。

（6）安装顺序与拆卸顺序相反，车轮紧固螺母的拧紧力矩为 110N·m。

### 3.2.2 轮胎的拆装

轮胎的拆装需使用轮胎拆装机进行，其结构如图 3-79 所示。

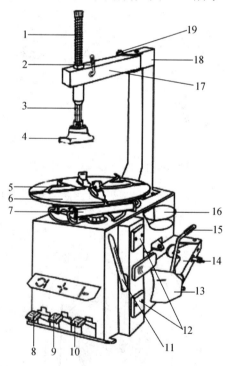

图 3-79　轮胎拆装机结构

1—回位弹簧；2—六方杆锁紧手柄；3—六方杆；4—拆装头；5—卡爪；6—转盘；7—卡爪夹紧汽缸；8—转盘转向脚踏；
9—夹紧汽缸脚踏；10—分离铲脚踏；11—撬杠；12—橡胶垫；13—分离铲；14—分离铲臂；15—分离铲操纵手柄；
16—油桶环；17—横摆臂；18—立柱；19—旋钮手柄

### 1．准备工作

（1）用气门芯扳手卸下气门芯，将轮胎里面的气体放净。

（2）清除轮胎花纹内的杂物，用平衡锤拆下轮辋上的平衡块，如图 3-80 所示，以免在拆卸轮胎过程中发生危险。

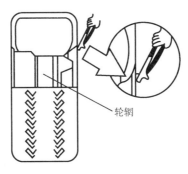

轮辋

图 3-80　平衡块拆卸示意

### 2．轮胎拆卸

轮胎结构如图 3-81 所示。

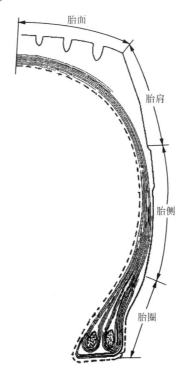

胎面

胎肩

胎侧

胎圈

图 3-81　轮胎结构示意

（1）如图 3-82 所示，拆卸轮胎前，用毛刷蘸取轮胎拆装润滑剂来润滑胎圈，否则在压胎时分离铲会磨损胎圈。

（2）如图 3-83 所示，将车轮置于分离铲和橡胶垫之间，使分离铲边缘置于胎圈与轮辋之间，离轮辋边缘大约 10mm 处，然后脚踩分离铲脚踏，使胎圈与轮辋分离。

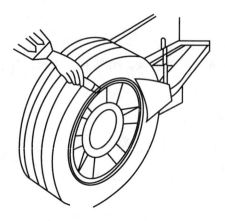

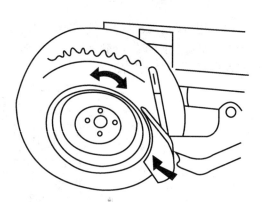

图 3-82　胎圈润滑示意　　　　　　　　　　图 3-83　胎圈与轮辋的分离

（3）在轮胎其他部分重复以上操作，使胎圈与轮辋彻底分离。

（4）把胎圈与轮辋已分离的车轮放在转盘上。

（5）脚踩夹紧汽缸脚踏到底，夹紧轮辋。

（6）调整横摆臂和六方杆的位置，使拆装头内侧贴紧轮辋外缘，然后转动旋钮手柄将横摆臂锁紧，再顺时针旋转六方杆锁紧手柄将六方杆锁紧。这时拆装头内侧与轮辋边缘有 1～2mm 距离，如图 3-84 所示，避免划伤轮辋。

（7）如图 3-85 所示，将箭头 1 所指位置的胎圈向下压至轮槽内，用撬杠将箭头 2 所指位置的胎圈撬到拆装头球形凸起之上。

（8）脚踩转盘转向脚踏，让转盘顺时针旋转，直到上胎圈脱离轮辋为止。

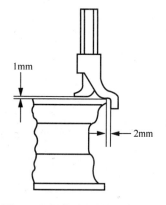

图 3-84　拆装头与轮辋位置示意

（9）如图 3-86 所示，使箭头 1 所指位置的胎圈进入轮槽，再将箭头 2 所指位置的胎圈撬到拆装头球形凸起之上。

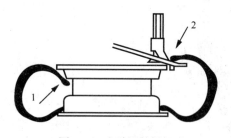

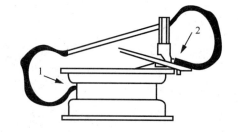

图 3-85　上胎圈的拆卸　　　　　　　　图 3-86　下胎圈的拆卸

（10）脚踩转盘转向脚踏，让转盘顺时针旋转直至下胎圈脱离轮辋。

（11）踩下夹紧汽缸脚踏松开卡爪，取下轮辋，拆胎完成。

## 3．轮胎安装

（1）夹紧轮辋（方法同拆卸时的夹紧操作）。

（2）在轮胎和轮辋上涂抹轮胎拆装润滑剂。

（3）将轮胎倾斜放在轮辋上，调整横摆臂和六方杆的位置，使拆装头与轮辋处于正确位置。

（4）调整轮胎下胎圈与拆装头的相对位置，使轮胎下胎圈与拆装头交叉。在拆装头后部，应使下胎圈置于拆装头球形凸起之上，如图 3-87（a）所示；在拆装头前部，应使下胎圈置于拆装头球形凸起之下，如图 3-87（b）所示。

（5）压低胎侧，踩下转盘转向脚踏，让转盘顺时针旋转，使下部胎圈完全落入轮辋槽内。

（6）如图 3-88 所示，重新放好轮胎，调整好上胎圈与拆装头的相对位置（与安装下胎圈相同）。

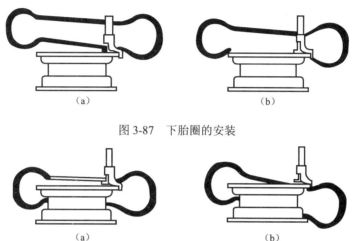

图 3-87　下胎圈的安装

图 3-88　上胎圈的安装

（7）压低胎侧，踩下转盘转向脚踏，此时手不要放开，当还有 10～15cm 的轮胎未装入时，动作要放慢并注意观察轮胎的状态以免撕伤轮胎，直至上部胎圈完全落入轮辋槽内。

【注意】一旦感到轮胎有撕伤的迹象或电机停止转动，请立即松开脚踏，然后用脚面抬脚踏使电机反转，使轮胎恢复原状以便再次操作。

**4．轮胎充气与动平衡**

由于轮胎无内胎，为使轮胎与轮辋之间密封良好，应先进行快速充气再进行普通充气。

（1）快速充气。将充气管接头与轮胎气门嘴相连，按压充气枪，听到砰的一声后快速充气结束。

【注意】此步操作一定要确保轮辋被卡爪夹紧，否则会有危险。

（2）普通充气。将轮胎从转盘上松开，用气门芯扳手拧入气门芯，将充气管接头与轮胎气门嘴相连，缓慢并多次按压充气枪，直至压力表显示的胎压处于规定范围。

（3）充气结束后应检查气门嘴处是否漏气，拧紧气门嘴护帽。

（4）进行车轮动平衡。

### 3.2.3　前悬架和前桥的拆装

**1．前悬架和前桥的拆卸**

桑塔纳 2000 汽车的前悬架和前桥包括前悬架部件、横向稳定杆、副车架、摇臂等，其

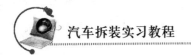 

组成如图 3-89 所示。

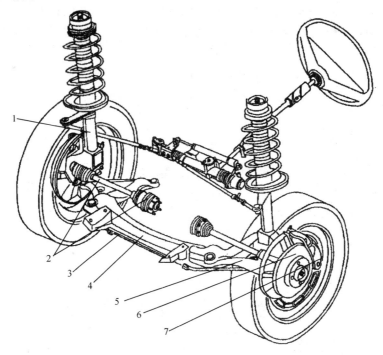

图 3-89　前悬架与前桥组成示意

1—前悬架部件；2—半轴与等速万向节；3—横向稳定杆；4—副车架；5—摇臂；6—制动盘；7—制动钳

（1）取下车轮装饰罩，旋下图 3-90 中箭头所指半轴与轮毂的紧固螺母。

（2）用十字架扳手对角旋松车轮与轮毂连接的紧固螺母，举升汽车使车轮离地，旋下车轮与轮毂连接的紧固螺母，拆下前轮。

（3）旋下制动钳支架固定螺栓，取下制动钳总成与摩擦块，用铁丝将制动钳总成固定在车身上。旋下制动盘的定位螺栓，取下制动盘。

（4）将汽车举升至合适高度，卸下轮速传感器的固定螺栓，如图 3-91 所示箭头所指，拆下线束固定夹，并将传感器及线束固定在车身上。

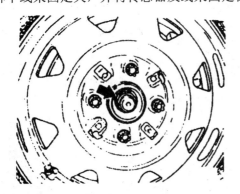

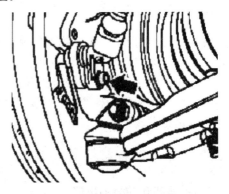

图 3-90　拆卸半轴与轮毂的紧固螺母　　　　图 3-91　轮速传感器拆卸示意

（5）如图 3-92 所示，旋下车轮轴承壳与摇臂连接的球头的自锁螺母。

【注意】自锁螺母拆卸后需更换。

（6）旋下转向横拉杆球头自锁螺母，如图 3-93 所示，用二爪拉马顶出横拉杆球头。

【注意】横拉杆球头自锁螺母拆卸后需更换。

（7）旋下连接杆与稳定杆、连接杆与摇臂之间的连接螺母，如图 3-94 所示箭头所指。

（8）向下压摇臂，如图 3-95 所示，用工具从车轮轴承壳内顶出半轴。

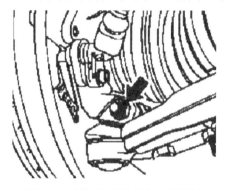

图 3-92　拆卸车轮轴承壳自锁螺母

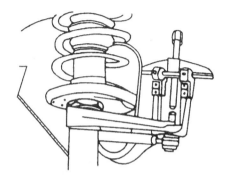

图 3-93　拆卸横拉杆球头

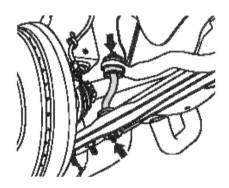

图 3-94　连接杆螺母位置示意

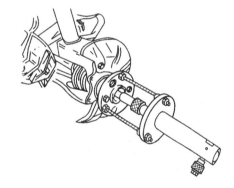

图 3-95　半轴拆卸示意

（9）将车身降至合适位置，打开发动机盖，如图 3-96 所示，取下减振器的橡胶盖。

（10）支撑前悬架部件下部，如图 3-97 所示，用内六角扳手阻止减振器活塞杆的转动，并用专用工具旋下活塞杆的自锁螺母。

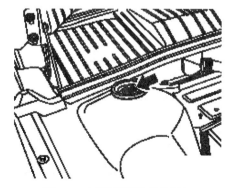

图 3-96　减振器橡胶盖的拆卸

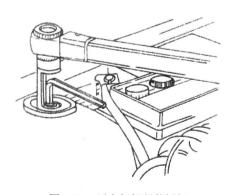

图 3-97　活塞杆螺母的拆卸

（11）取下前悬架部件。

（12）将车身举升至合适高度。

（13）如图 3-98 所示，稳定杆通过卡箍和橡胶支座固定于副车架上，旋下箭头所指的紧固螺栓，取下卡箍、橡胶支座和横向稳定杆。

（14）如图 3-99 所示的箭头所指，旋下副车架与车身连接的 4 个紧固螺栓，拆下副车架和摇臂的组合件。

 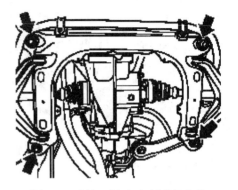

图 3-98　稳定杆紧固螺栓位置示意　　　　　　图 3-99　拆卸副车架和摇臂组合件

（15）如图 3-100 所示，旋下摇臂与副车架连接的两对螺栓和螺母，将摇臂和副车架分离。

（16）如图 3-101 和图 3-102 所示，用压力机压出副车架前、后 4 个橡胶衬套。

（17）如图 3-103 所示，用压力机压出摇臂两端的橡胶衬套。

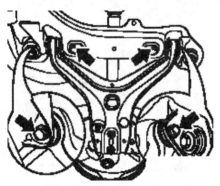 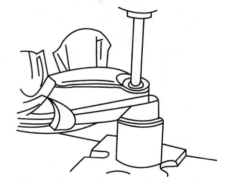

图 3-100　摇臂拆卸示意　　　　　　　图 3-101　拆卸副车架前端橡胶衬套

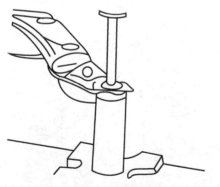 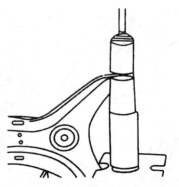

图 3-102　拆卸副车架后端橡胶衬套　　　　图 3-103　摇臂橡胶衬套拆卸示意

## 2．前悬架部件的解体

前悬架部件组成如图 3-104 所示。

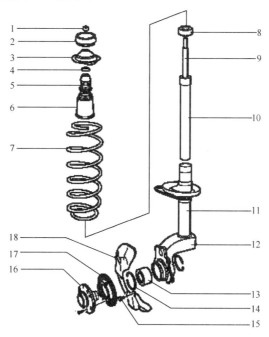

图 3-104　前悬架部件组成

1—开槽螺母；2—悬架支承轴轴承；3—弹簧护圈；4—垫片；5—限位缓冲器；6—橡胶护套；7—螺旋弹簧；8—螺母盖；
9—活塞杆；10—减振器；11—前悬架支柱；12—车轮轴承壳；13—车轮轴承；14—弹簧挡圈；
15—螺栓；16—轮毂；17—轮速传感器齿圈；18—制动底板

（1）如图 3-105 所示，将拆下来的前悬架部件装在专用的悬架压具上，压缩螺旋弹簧。

（2）如图 3-106 所示，用内六角扳手固定住活塞杆，拆下活塞杆上的开槽螺母。

（3）取下悬架支承轴轴承、弹簧护圈、垫片、限位缓冲器和橡胶护套。

（4）放松悬架压具，取下螺旋弹簧。

（5）用专用工具旋下减振器螺母盖，从前悬架支柱内取出减振器。

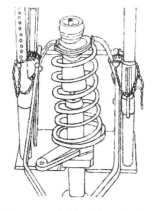

图 3-105　螺旋弹簧压缩示意

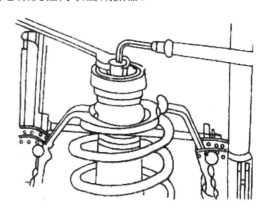

图 3-106　活塞杆开槽螺母拆卸示意

**3．前悬架部件的组装**

（1）将减振器装入前悬架支柱内，用专用工具以150N·m的力矩拧紧减振器螺母盖。

（2）装上螺旋弹簧，将悬架支柱装在悬架压具上，并用悬架压具压缩弹簧。

（3）装上橡胶护套、限位缓冲器、垫片、弹簧护圈和悬架支承轴轴承。

（4）用内六角扳手固定住活塞杆，以60N·m的力矩拧紧活塞杆上的开槽螺母。

（5）放松悬架压具，取下前悬架部件。

**4．前悬架和前桥的安装**

（1）摇臂橡胶衬套安装示意如图3-107所示，用压力机压入摇臂两端的橡胶衬套。

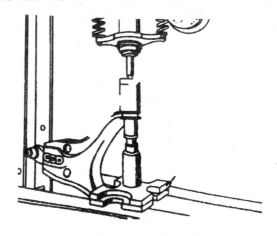

图3-107　摇臂橡胶衬套安装示意

（2）如图3-108和图3-109所示，用压力机压入副车架前、后四个橡胶衬套。

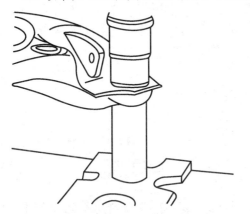

图3-108　安装副车架前橡胶衬套

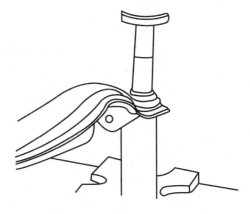

图3-109　安装副车架后橡胶衬套

（3）将摇臂装到副车架上，以60N·m的力矩拧紧摇臂与副车架连接的螺栓和螺母。

【注意】左、右摇臂不能互换。

（4）举升汽车，装上副车架和摇臂组合件，按后左、后右、前左、前右（沿车辆行驶方向）的顺序紧固副车架固定在车身上的螺栓，拧紧力矩为 70N·m。

【注意】安装之后，副车架内部都要用防腐剂进行处理；如果更换新的副车架，在安装摇臂后，副车架内部需用防护蜡进行处理。

（5）将横向稳定杆装到副车架上，以 25N·m 的力矩拧紧卡箍与副车架之间的紧固螺栓。

【注意】稳定杆的位置需安装正确（弯管向下弯曲）。如果安装位置不留适当余量，卡箍就很难装在橡胶支座上。妥善的办法是先装上较松的卡箍，然后进行短距离试车。这时橡胶支座就自动滑入规定的位置，紧接着用 25N·m 的力矩固定螺栓。

（6）将前悬架部件置于车身下部合适位置，并向上托至安装座孔内，用内六角扳手固定活塞杆，以 60N·m 的力矩拧紧活塞杆的自锁螺母，装上减振器的橡胶盖。

（7）向下压摇臂，将半轴装入车轮轴承壳内。

（8）旋上半轴与轮毂的固定螺母。

（9）以 50N·m 的力矩拧紧车轮轴承壳与摇臂连接的球头的自锁螺母。

（10）装上转向横拉杆的球头，以 30N·m 的力矩拧紧球头的自锁螺母。

（11）以 25N·m 的力矩拧紧连接杆与稳定杆、连接杆与摇臂之间的螺母。

（12）安装轮速传感器。

（13）用定位螺栓将制动盘安装到位，安装制动钳总成与摩擦块，用 70N·m 的力矩拧紧制动钳支架固定螺栓。

（14）装上车轮，降下汽车，以 110N·m 的力矩拧紧车轮与轮毂的紧固螺母。

（15）以 230N·m 的力矩拧紧半轴与轮毂的固定螺母。

（16）扣上车轮装饰罩。

### 5．前轮定位

安装完毕后要对前轮进行定位检测。各参数具体规定如下。

主销后倾角（不可调整）标准值为+1°25′±30′，左右最大偏差为 30′。

车轮外倾角（轮胎正前方位）标准值为-40′±30′，左右最大偏差为 30′。

车轮前束角（车轮不受压）标准值为+10′±10′。

## 3.2.4　后悬架和后桥的拆装

### 1．后悬架和后桥的拆卸

桑塔纳 2000 汽车的后悬架和后桥组成如图 3-110 所示。

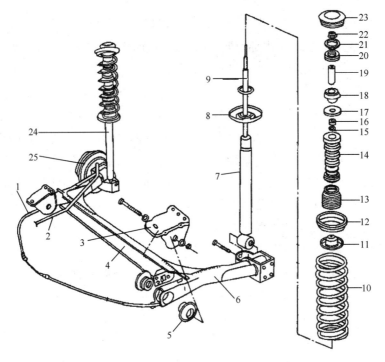

图 3-110　后悬架和后桥组成示意

1—驻车制动拉索套管；2—制动软管；3—支承座；4—后桥焊接总成；5—橡胶金属支承；6—后悬架臂；7—减振器；
8—下弹簧座圈；9—活塞杆；10—螺旋弹簧；11—护盖；12—上弹簧座；13—橡胶护套；14—限位缓冲器；15—卡簧；
16—隔圈；17—垫圈；18—下轴承环（橡胶件）；19—隔套；20—上轴承环；21—衬盘；22—自锁螺母；23—盖塞；
24—后悬架部件；25—制动器

（1）拆卸后轮，参见"3.2.1 车轮的拆装"。

（2）如图 3-111 所示，掀开后排座椅后的内饰板，取下盖塞。

（3）用内六角扳手阻止后悬架活塞杆的转动，并用专用工具旋下活塞杆的自锁螺母，取出衬盘和上轴承环。

【注意】此过程中需支撑后桥。

（4）旋出图 3-112 中箭头所指的后悬架臂与后悬架部件的连接螺栓。

图 3-111　盖塞位置示意

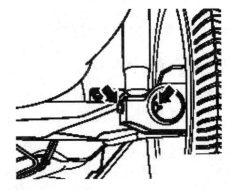

图 3-112　后悬架臂与后悬架部件连接螺栓位置示意

（5）抬高汽车至合适位置，小心地将后悬架部件从制动鼓与轮罩之间取出，注意不要碰坏弹簧和车身上的油漆。

（6）旋下排气管前、后两段之间卡箍的紧固螺栓（图 3-113 中箭头所指）。

（7）拆下排气管与车身相连的橡胶减振圈，小心地拆下排气管。

（8）从车身底部拆下驻车制动拉索套管的固定夹，并脱开拉索与驻车制动杆的连接。

（9）如图 3-114 所示，拆下轮速传感器，并将轮速传感器的线束从夹头中放松取出。

 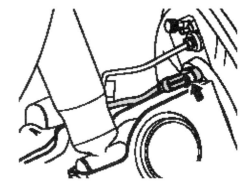

图 3-113　卡箍紧固螺栓位置示意　　　　　图 3-114　轮速传感器位置示意

（10）断开制动轮缸的管路连接，回收制动液，并将制动管路从后桥焊接总成上的固定夹中取出。

（11）松开支承座与车身连接的紧固螺母，用专用工具撑住后桥焊接总成，慢慢升起汽车，从车身底部取下后桥总成、支承座和制动器。

**2．后悬架部件的解体和组装**

后悬架部件的组成如图 3-110 所示，其解体和组装的步骤、方法与"前悬架部件的解体和组装"相同。

**3．后悬架和后桥的安装**

（1）如图 3-115 所示，用专用仪器测量支承座与后桥焊接总成之间的夹角，其标准值为 $17\pm2°$。

（2）将支承座对准车身底部的螺栓孔，以 45N·m 的力矩拧紧支承座与车身连接的固定螺栓。

（3）将制动油管连接到制动轮缸上，并将制动油管固定在后桥总成的固定夹中。

（4）加注制动液，参见"3.4.1 防抱死制动系统的拆装"。

（5）安装轮速传感器，并将线束固定在后桥总成的固定夹中。

（6）连接驻车制动拉索与驻车制动杆，将拉索套管固定在相应位置处。

（7）安装排气管。

（8）将后悬架部件的两端置于相应的安装座孔内，以 70N·m 的力矩拧紧与悬架臂的固定螺栓，装上衬盘和上轴承环后以 45N·m 的力矩拧紧活塞杆自锁螺母，扣上盖塞。

（9）安装车轮，参见"3.2.1 车轮的拆装"。

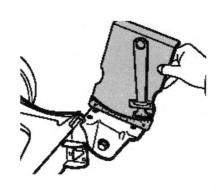

图 3-115　支承座与后桥总成夹角测量示意

### 4．后轮定位

安装完毕后需要对后轮进行定位检测。各参数具体规定如下。

车轮外倾角标准值为-1°40′±20′，左右最大差距为30′。

前束角（在规定外倾角时）标准值为+25′±15′，定位最大允许偏差为25′。

## 3.3　转向系统的拆装

转向系统按所使用的能源类型不同，分为机械转向系统和动力转向系统两种，动力转向系统又可分为液压助力转向系统、电动助力转向系统和气压助力转向系统等。本节以桑塔纳2000为例进行液压助力转向系统的拆装，以大众速腾为例进行电动助力转向系统的拆装。

### 3.3.1　液压助力转向系统的拆装

图3-116所示为桑塔纳2000动力转向系零部件分布位置示意图，系统主要由转向操纵机构、转向器、转向传动机构和转向助力装置等组成。

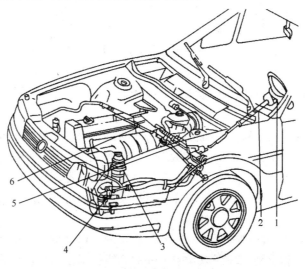

图 3-116　桑塔纳2000动力转向系零部件分布位置示意

1—转向盘；2—转向柱；3—储油罐；4—转向助力泵；5—动力转向器；6—转向横拉杆

**1．转向助力油的排出**

（1）将汽车前轮置于直线行驶状态，用千斤顶顶起车身前部，使汽车前轮可自由转动，用三角木固定好后轮。

（2）拆下汽车动力转向器上的高压油管（图 3-117 中箭头所指）、低压油管（图 3-118 中箭头所指），将油管接头放入盛放转向助力油的专用容器中，打开储油罐盖，使助力油自然向外流出。

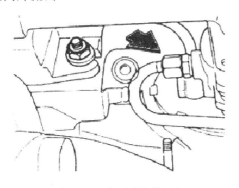
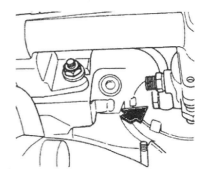

图 3-117　高压油管的拆卸　　　　　　　图 3-118　低压油管的拆卸

（3）在拆下油管的状态下，将转向盘向左、向右极限位置反复拧转几次，以排出动力缸内的助力油，并用专用容器接好，以免助力油飞溅到其他部件上。

**2．转向操纵机构的拆卸**

转向操纵机构主要由转向盘、转向柱等组成。在拆卸前必须将蓄电池搭铁线断开，必须保持转向盘的中间位置以使汽车前轮处于直线行驶状态，在转向盘与转向柱连接处做上标记，转向灯开关置于中间位置。

（1）如图 3-119 所示，用一字旋具从上至下松开箭头所指的四个固定脚，拆下转向盘盖板。

（2）如图 3-120 所示，从转向盘盖板后松开喇叭线束接头。

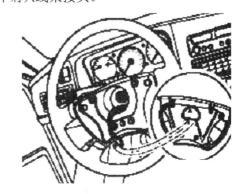

图 3-119　拆卸转向盘盖板　　　　　　　图 3-120　拆卸喇叭线束

（3）如图 3-121 所示，松开箭头所指的转向盘固定螺母，取下垫圈，拆下转向盘。

（4）旋下图 3-122 中箭头所指转向轴下饰罩的三个固定螺栓，用一字旋具分开并取下上、下饰罩。

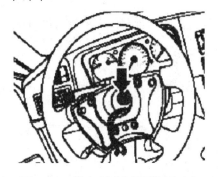

图 3-121　转向盘固定螺母位置示意

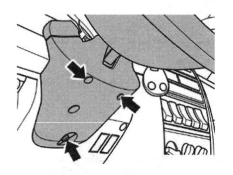

图 3-122　转向轴下饰罩拆卸示意

（5）旋下图 3-123 中箭头所指驾驶员侧储物箱的固定螺钉，取下驾驶员侧储物箱。

（6）如图 3-124 所示箭头，脱开组合开关的线束插头。

图 3-123　驾驶员侧储物箱拆卸示意

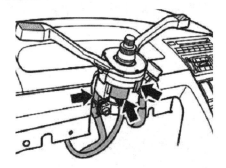

图 3-124　组合开关线束插头拆卸示意

（7）旋下图 3-125 中箭头所指组合开关上的 3 个固定螺钉，取下组合开关。

（8）用鲤鱼钳旋转卸下图 3-126 中箭头所指的弹簧垫圈，取下弹簧。

图 3-125　组合开关固定螺钉位置示意

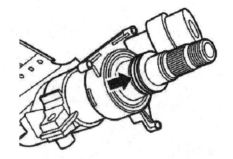

图 3-126　弹簧垫圈拆卸示意

（9）拔下图 3-127 中箭头所指的点火开关线束插头。

（10）断开识读线圈与防盗计算机连接的线束插头，如图 3-128 所示，旋转拆下识读线圈。

（11）如图 3-129 所示，旋出箭头所指的内六角螺栓，取下转向盘锁壳。

（12）如图 3-130 所示，旋出左边的内六角螺栓 A，用 8.5mm 的钻头钻出右边的断开螺栓 B，取下转向柱套管。

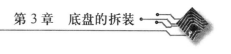

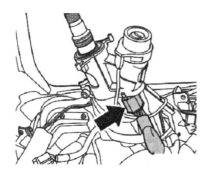

图 3-127　拆卸点火开关线束插头

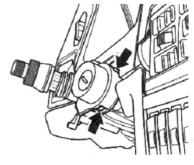

图 3-128　拆卸识读线圈

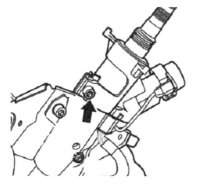

图 3-129　转向盘锁壳固定螺栓位置示意

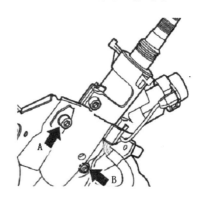

图 3-130　转向柱套管固定螺栓位置示意

（13）如图 3-131 所示，将上转向柱往下压，使上转向柱端部凸缘上的两个传动销脱离下转向柱，取出上转向柱。

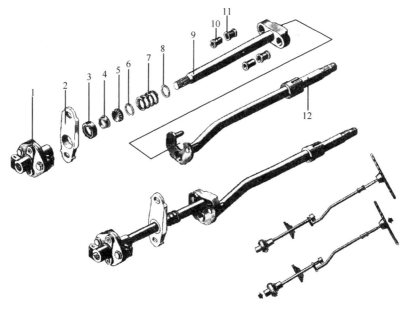

图 3-131　转向柱的分解

1—挠性联轴节；2—支座凸缘；3—轴承；4—内环；5—橡胶支承圈；6—垫圈；
7—压簧；8—垫圈；9—下转向柱；10—衬套；11—减振橡胶套；12—上转向柱

（14）旋下图 3-132 中箭头所指凸缘支座上的两个固定螺栓。

（15）旋下图 3-133 中箭头所指的紧固螺钉，取下驾驶员侧储物箱下的护板。

图 3-132　凸缘支座的拆卸

图 3-133　拆卸驾驶员侧储物箱下的护板

（16）旋下图 3-134 中箭头所指挠性联轴节上夹紧箍的紧固螺栓，取下下转向柱。

（17）旋下图 3-135 中箭头所指挠性联轴节下夹紧箍的紧固螺栓，取下挠性联轴节。

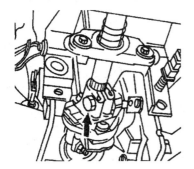
图 3-134　拆卸下转向柱

图 3-135　拆卸挠性联轴节

### 3．转向器的拆卸

（1）用举升机举升车辆。

（2）旋下图 3-136 中箭头所指的左前轮罩处固定转向器的两个紧固螺栓。

（3）旋下图 3-137 中箭头所指前围板上固定转向器的左侧自锁螺母。

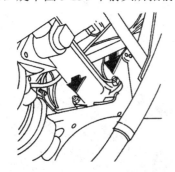
图 3-136　拆卸左前轮罩处转向器紧固螺栓

图 3-137　左侧自锁螺母拆卸示意

（4）放下车辆，拆下图 3-138 中箭头所指齿条与支架连接的紧固螺栓。

（5）旋下图 3-139 中箭头所指前围板上固定转向器的右侧自锁螺母。

（6）取下转向器。

图 3-138　拆卸齿条与支架的连接螺栓

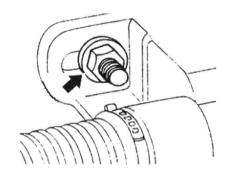

图 3-139　拆卸右侧自锁螺母

### 4．转向传动机构的拆卸

桑塔纳 2000 转向传动机构的组成如图 3-140 所示。

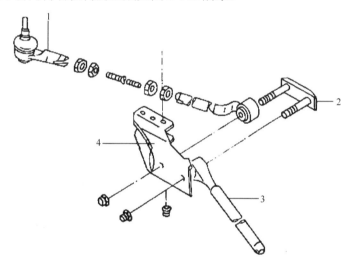

图 3-140　转向传动机构的组成示意

1—右转向横拉杆；2—连接件；3—左转向横拉杆；4—支架

（1）如图 3-141 所示中的箭头所指，旋下连接转向横拉杆与支架的两个紧固螺母，取下支架与连接件。

（2）卸下横拉杆球头的自锁螺母，如图 3-142 所示，用二爪拉马顶出横拉杆球头。

（3）取下转向横拉杆。

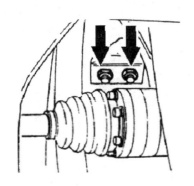

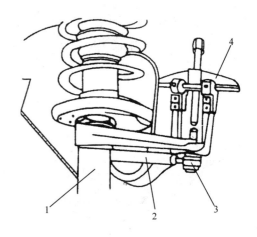

图 3-141　拆卸转向横拉杆紧固螺母　　　　图 3-142　拆卸横拉杆球头

1—减振器支柱；2—转向横拉杆；3—横拉杆球头；4—二爪拉马

### 5. 动力转向器的解体与组装

桑塔纳 2000 动力转向器由齿轮齿条式转向器、动力缸和控制阀等组成，如图 3-143 所示。

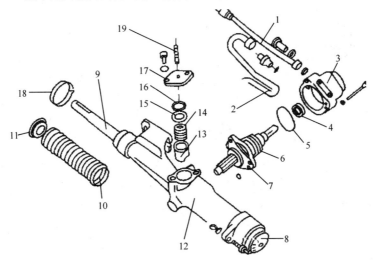

图 3-143　动力转向器组成示意

1—进油管；2—回油管；3—转向器控制阀体；4—轴承；5—密封圈；6—转向齿轮；7—连接盖；8—密封罩；9—齿条；
10—防尘罩；11—防尘罩挡圈；12—转向器壳体；13—压块；14—弹簧；
15—调整螺栓座；16—O 形密封圈；17—盖板；18—软管夹箍；19—调整螺栓

（1）拆下转向器防尘罩上的软管夹箍。

（2）取下防尘罩挡圈及防尘罩。

（3）用内六角扳手卸下转向器的密封罩，取下密封罩上的 O 形密封圈。

（4）用记号笔在调整螺栓与盖板连接处做上记号，防止拆卸过程中调整螺栓位置发生改变。

（5）旋下盖板与转向器壳体的两个紧固螺栓，取出 O 形密封圈、调整螺栓座、弹簧、压块。

（6）旋下转向器控制阀体的紧固螺栓，取下转向器控制阀体。

（7）取下转向齿轮，从转向器壳体密封罩侧拉出齿条。

（8）如图 3-144 所示，将所有零件置于工作台上，并按顺序放好。

图 3-144　转向器零件分解

（9）组装顺序与解体顺序相反。

【注意】O 形密封圈一经拆卸需更换；齿轮、齿条的啮合部位需涂抹润滑脂。

### 6．转向助力泵的拆装

图 3-145 所示为转向助力泵位置示意。

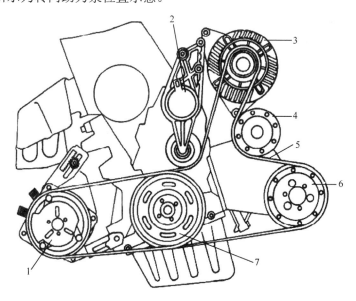

图 3-145　转向助力泵位置示意

1—空调压缩机；2—张紧装置；3—发电机；4—导向轮；5—皮带；6—转向助力泵；7—曲轴皮带轮

（1）举升车辆。

（2）断开转向助力泵上的高压油管和吸油管，放出剩余转向助力油，并用专用容器收集。

（3）如图 3-146 所示，用开口扳手按顺时针方向扳动张紧轮，将箭头所指的销子穿过张紧轮插入发动机机体上的孔中，使张紧轮固定，将皮带放松，取下楔形皮带。

（4）旋下图 3-147 中箭头所指转向助力泵皮带轮的固定螺栓，取下皮带轮。

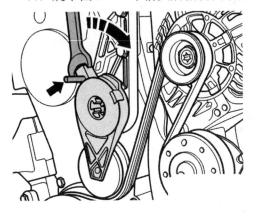 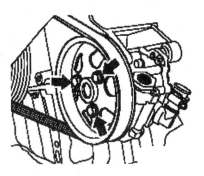

图 3-146　拆卸楔形皮带　　　　　　　　　图 3-147　拆卸转向助力泵皮带轮

（5）旋下图 3-148 中箭头所指转向助力泵的固定螺栓，卸下转向助力泵。

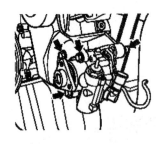

（6）松开储液罐低压油管和吸油软管夹箍，取下低压油管和吸油软管。

（7）松开储液罐与安装支架的卡箍，取下储液罐。

（8）安装顺序与拆卸顺序相反。

**7．转向器的安装**

（1）将转向器安装在前围板上，用手拧上用于固定转向器的两侧自锁螺母，但不必完全拧紧。

图 3-148　转向助力泵拆卸示意

（2）举升汽车，安装左前轮罩上的转向器固定螺栓，并以 20N·m 的力矩拧紧螺母。

（3）以 40N·m 的力矩拧紧图 3-149 中箭头所指前围板上固定转向器的左侧自锁螺母。

（4）把高压油管安装在转向器控制阀体外壳上，并以 40N·m 的力矩拧紧，将车辆放下。

（5）以 40N·m 的力矩拧紧图 3-150 中箭头所指前围板上固定转向器的右侧自锁螺母。

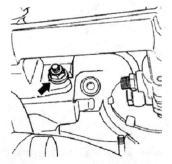 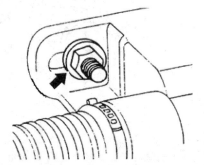

图 3-149　安装左侧自锁螺母　　　　　　　图 3-150　安装右侧自锁螺母

（6）更换低压油管密封圈，并把空心螺栓安装在转向器控制阀外壳上，以 40N·m 的力矩拧紧螺栓。

#### 8．转向传动机构的安装

（1）举升车辆，装上两侧的转向横拉杆，并用 30N·m 的力矩拧紧转向横拉杆球头的自锁螺母。

（2）安装转向横拉杆与支架的连接螺栓，并用 45N·m 的力矩拧紧。

（3）安装固定横拉杆支架与齿条的自锁螺母，并用 45N·m 的力矩拧紧。

#### 9．转向操纵机构的安装

安装顺序与拆卸顺序基本相反，但应注意以下几点。

（1）安装前保证转向轮处于直线行驶位置，并注意转向器、挠性联轴节和下转向柱间相互安装的初始位置。

（2）首先用鲤鱼钳将上转向柱与下转向柱连接在一起，在下转向柱上依次套上垫圈、弹簧、垫圈、支承环、内环、轴承、支座凸缘，然后再将转向柱总成推至挠性联轴节上夹紧箍内的指定位置，拧紧上夹紧箍紧固螺栓，连接下转向柱与挠性联轴节。

（3）将挠性联轴节下夹紧箍推至转向器主动齿轮上的指定位置。

（4）在进行转向柱套管上的断开螺栓装配时，应将螺栓拧紧至断开为止，然后以 20N·m 的力矩拧紧内六角螺栓。

（5）车轮应处于直线行驶位置，转向灯开关处在中间位置，才可装转向盘，否则在安装转向盘时，当分离爪齿通过接触环上的簧片时，有可能造成损坏。

（6）以 40N·m 的力矩拧紧转向盘固定螺母。

（7）应更换所有的自锁螺母、螺栓和垫圈。

（8）转向柱如有损坏应更换，不能焊接修理。

#### 10．转向助力油的加注

（1）向储油罐内注入转向助力油，直到达到标有"Max"（最大）处。

【注意】不要再使用废旧的转向助力油。

（2）举升车辆，使前轮离地，将转向盘在发动机停止状态从一侧极限位置转到另一侧极限位置共 10 次。

【注意】随时检查储液罐内油面高度，必要时添加。

（3）放下汽车，启动发动机，转向盘在左、右转向极限位置来回转动 10 次。

（4）观察油面高度。助力油处于冷状态时，油位必须位于 Min（最小）标志附近（在标志上下 2mm 处）；助力油在工作温度状态下（约 50℃ 以上），油位必须位于 Min 和 Max 标志之间。

【注意】转向系统中可能遗留的残余空气在行驶约 10～20km 之后会自动逸出。

#### 11．系统的检查与调整

系统装复后，应检查系统密封性和泵油压力，并对转向盘自由行程进行检查和调整。

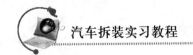 

1）系统密封性检查

当储液罐内的液压油位降低时，必须检查转向系统的密封性。转向系统密封性的检查，应在发动机运转时进行。

（1）将转向盘快速朝左、右两侧转至趋于极限位置，并用力保持一段时间，此时可产生最大管内压力。

（2）目测检查转向控制阀、齿条密封处（松开波纹管软管夹箍，再将波纹管推至一旁）、助力泵、油管接头是否有漏油现象，如有渗漏应更换密封件。

（3）当转向器主动齿轮不密封时，必须更换阀体中的密封环和中间盖板上的密封环。

（4）如果转向器罩壳中的齿条密封件不密封，助力油可能流入波纹管套里，此时，应拆开转向器，更换所有密封环。

（5）如油管接头漏油，应查找原因并重新接好。

2）助力泵泵油压力检查

（1）用软管夹紧器夹住进油软管和出油软管。

（2）如图 3-151 所示，将油压测试器串联在助力泵的出油管道上。

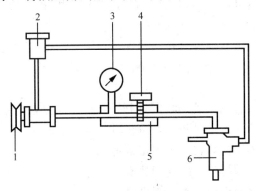

图 3-151　油压测试器安装位置示意

1—转向助力泵；2—储油罐；3—油压表；4—截止阀；5—油压测试器壳体；6—动力转向器

（3）关闭截止阀，拆掉软管夹紧器。

（4）启动发动机。必要时，向储液罐内添加助力油。

（5）在怠速时观察压力表上的数据，应不低于 10MPa（测量时间不得超过 10s，以免对助力泵造成不良影响）。若达不到规定值，应更换助力泵。

3）转向盘自由行程的检查与调整

转向盘的自由行程是指转向轮在直线行驶位置时转向盘的空转角度。

（1）检查方法。使汽车前轮置于直线行驶状态，将自由转动量检查器刻度盘和指标分别夹持在转向柱管和转向盘上。测量时，轻轻向左（或向右）转动转向盘至感到有阻力时为止，调整指针指向刻度盘 0° 位置。然后，再轻轻向另一侧转动转向盘至感到有阻力时为止，指标所示刻度即转向盘的自由行程。

（2）调整方法。桑塔纳 2000 转向盘自由行程应为 10°～15°。当自由行程过大时，说明动力转向器齿轮与齿条啮合间隙偏大或者操纵机构、传动机构连接松旷。

首先通过调整转向器上的调整螺栓直至转向盘自由行程达到要求。若调整后无法达到自由行程的规定值，则应检查转向盘、转向柱、联轴节、齿条接头、横拉杆球头等是否存在较大的间隙，若存在较大间隙应修复或更换上述零部件。

### 3.3.2　电动助力转向系统的拆装

电动助力转向系统利用电动机产生的动力来帮助驾驶员进行转向操作，该系统的组成如图 3-152 所示。

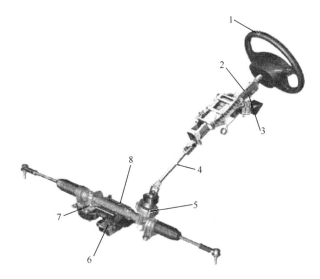

图 3-152　速腾电动助力转向系统的组成示意

1—转向盘；2—转向柱；3—转向角传感器；4—万向节传动轴；5—带转向力矩传感器的转向齿轮；
6—转向助力控制单元；7—传动齿轮；8—助力电机

#### 1．转向操纵机构的拆卸

在拆卸前必须将蓄电池搭铁线断开，必须保持转向盘的中间位置以使汽车前轮处于直线行驶状态，转向灯开关置于中间位置。

（1）向下拉转向柱下的夹紧杆，直至解锁位置。尽可能向下翻转转向柱并将其拉出。

（2）将转向柱下面的夹紧杆重新向上推到锁止位置。

（3）拆卸驾驶员侧安全气囊。

① 将转向盘转到如图 3-153 所示的位置，将一字旋具插入转向盘背面的孔中，直至极限位置（约 8mm）。如箭头所示，向驾驶员侧车门方向旋转一字旋具，松开安全气囊的卡子。

② 将转向盘转动 180°，按相同方法松开转向盘另一侧的卡子。

③ 将转向盘转动 90°回到中间位置，从转向盘上脱开安全气囊。

④ 如图 3-154 所示，拨动插头锁扣并拔出插头 1，沿箭头方向按下插头锁扣，拔出安全气囊插头 2，取下安全气囊。

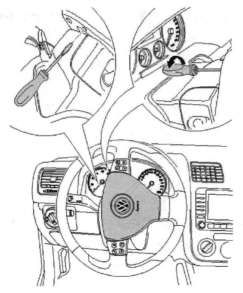

图 3-153 拆卸安全气囊卡子

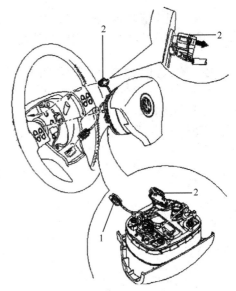

图 3-154 拆卸安全气囊插头

（4）将转向盘旋置于车轮直线行驶位置。如图 3-155 所示，旋出转向盘固定螺栓 1，在箭头所指的转向盘与转向柱连接位置做上标记，并将转向盘从转向柱上拔出。

（5）如图 3-156 所示，拆卸转向柱饰板。

① 从定位件中松开空隙盖板和上转向柱饰板，拆下上转向柱饰板。

② 旋出螺栓 3 和两个螺栓 4。

③ 从定位件中松开下转向柱饰板并将其取下。

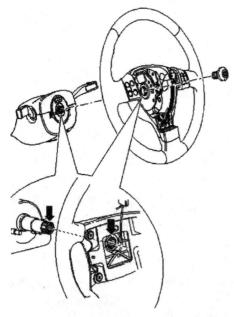

图 3-155 转向盘拆卸示意

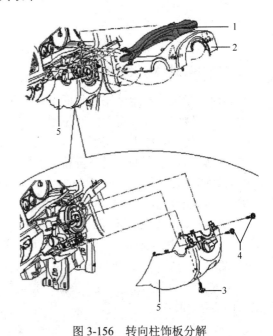

图 3-156 转向柱饰板分解

1—空隙盖板；2—上转向柱饰板；3、4—螺栓；5—下转向柱饰板

（6）拆卸驾驶员左侧隔板。

① 撬出左侧仪表护板。

② 将车灯旋钮向前压并向右旋转，直至其垂直，然后将其拉出并脱开线束。

③ 旋出如图 3-157 所示的固定驾驶员左侧隔板的 4 个固定螺栓。

④ 取下驾驶员左侧隔板，并脱开大灯照明距离调节装置的线束。

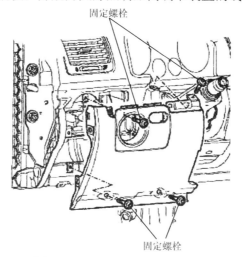

图 3-157　隔板固定螺栓位置示意

（7）拆卸转向柱开关。

转向柱开关的组成如图 3-158 所示，按以下顺序拆卸：转向柱电子装置控制单元、安全气囊卷簧和带滑环的复位环、转向角传感器、转向信号灯开关、车窗玻璃刮水器开关、转向柱开关基架。

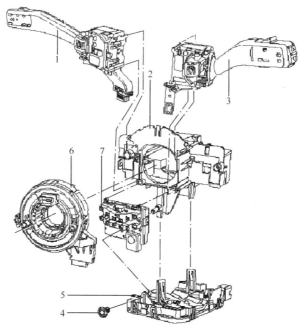

图 3-158　转向柱开关组成

1—转向信号灯开关；2—转向柱开关基架；3—车窗玻璃刮水器开关；4—固定螺栓；
5—转向柱电子装置控制单元；6—安全气囊卷簧和带滑环的复位环；7—转向角传感器

① 拆卸转向柱电子装置控制单元

a. 如图 3-159 所示，旋出螺栓，在控制单元上把一个直径 2.5mm 的钻头沿箭头 A 所指方向推入孔中约 45mm，松开箭头 B 所指的固定卡子。

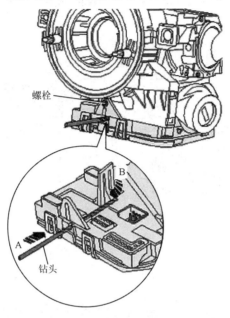

图 3-159　拆卸控制单元前部固定卡子

b. 如图 3-160 所示，用一字旋具压住箭头所指的控制单元后部固定卡子，小心地从转向柱开关上向下拔出控制单元。

c. 如图 3-161 所示，脱开箭头 A 和 B 所指的插头连接，取下控制单元。

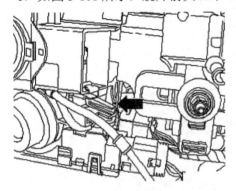

图 3-160　拆卸控制单元后部固定卡子

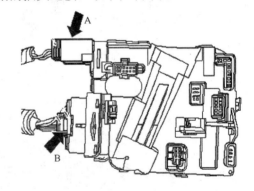

图 3-161　拆卸控制单元线束插头

② 拆卸安全气囊卷簧和带滑环的复位环。

a. 拆卸时必须保证螺旋弹簧处于中间位置，使图 3-162 中箭头所指的彩色标记带位于相应的可视窗口内，并且车轮必须处于直线行驶位置。

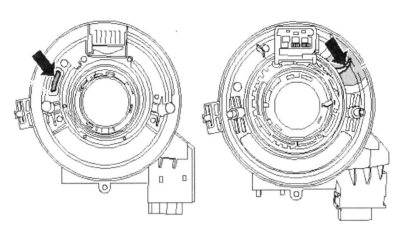

图 3-162　螺旋弹簧中间位置示意

　　b. 将图 3-163 箭头所指螺旋弹簧上的凸耳略微抬起，将螺旋弹簧向后从转向柱开关上拉下。

　　③ 拆卸转向角传感器。将转向角传感器按图 3-164 箭头所指方向向后从转向柱开关中拔出。

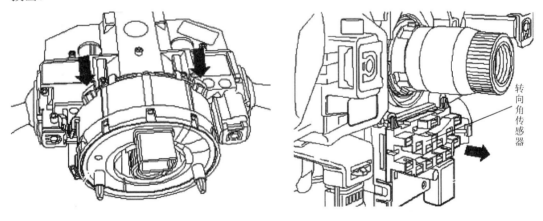

图 3-163　螺旋弹簧凸耳位置示意　　　　　图 3-164　转向角传感器拆卸示意

　　④ 拆卸转向信号灯开关。用厚薄规松开固定夹，拆下转向信号灯开关。

　　⑤ 拆卸车窗玻璃刮水器开关。如图 3-165 所示，将固定夹按箭头方向松开，拆下车窗玻璃刮水器开关。

　　⑥ 拆卸转向柱开关基架和转向锁止器壳体。

　　a. 拔下图 3-166 中箭头所指识读线圈的插头。

　　b. 如图 3-167 所示，钻出转向锁止器壳体的固定螺栓，将转向锁止器壳体和转向柱开关基架向后从转向柱上拔下。

　　c. 从转向柱开关基架上拆下转向锁止器壳体。

　　（8）如图 3-168 所示，旋下固定螺栓，拆下左侧脚部空间出风口。

　　（9）将图 3-169 中箭头所指的两侧凸缘轻轻抬起并将电缆管道从转向柱导向件中拉出。

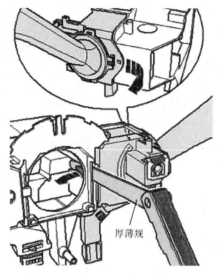

厚薄规

图 3-165　拆卸车窗玻璃刮水器开关

图 3-166　识读线圈位置示意

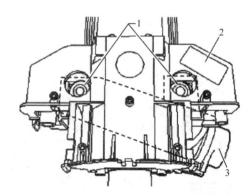

图 3-167　拆卸转向柱开关基架

1—固定螺栓；2—转向柱开关基架；3—转向锁止器壳体

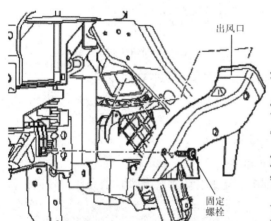

出风口

固定
螺栓

图 3-168　左侧脚部空间出风口位置示意

电缆管道

图 3-169　电缆管道拆卸示意

（10）旋下图 3-170 中箭头所指的固定螺母，拆下脚部空间饰板。

（11）旋下图 3-171 中箭头所指的螺栓，并将万向节从转向器上取下。

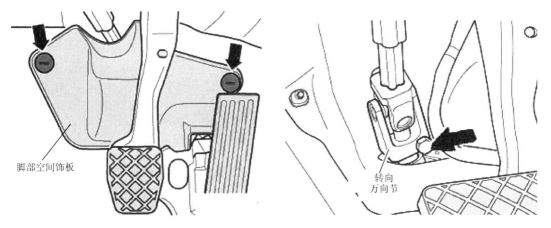

脚部空间饰板

转向万向节

图 3-170　脚部空间饰板的拆卸　　　　　图 3-171　转向万向节的拆卸

（12）转向柱安装如图 3-172 所示，将图 3-173 中箭头所指的搭铁线和电缆从转向柱上拆下，并旋下 4 个螺栓 A。

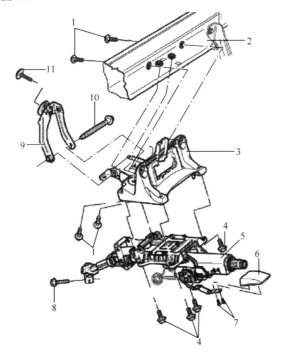

图 3-172　转向柱安装简图

1—六角螺栓；2—转向柱横梁；3—支撑座；4—六角螺栓；5—转向柱；
6—支撑板；7—螺栓；8—六角螺栓；9—减频支撑；10—六角螺栓；11—六角螺栓

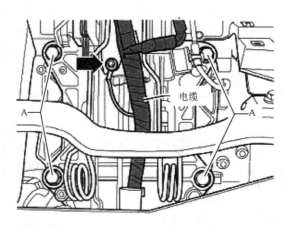

图 3-173　转向柱拆卸示意

（13）将转向柱稍微放下并小心向上拉出。

（14）转向柱的运输。取下转向柱后，双手在指定位置正确地运输转向柱，如图 3-174 所示，以免导致转向柱的损伤。如图 3-175 所示，均为错误的运输方式。

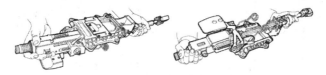

图 3-174　正确运输转向柱的方式

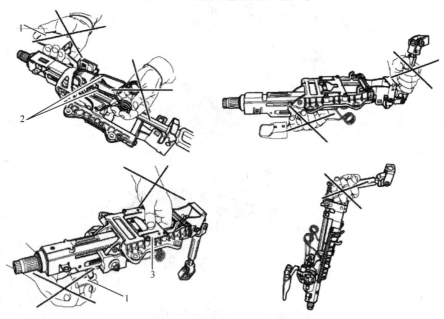

图 3-175　错误运输转向柱的方式

1—夹紧杆；2—重量补偿弹簧；3—变形元件

## 2. 转向传动机构的拆卸

（1）拆下车轮。

（2）清洁橡胶防尘套区域中的转向器外部。其中污渍不得通过失灵的橡胶防尘套进入到转向器中。

（3）如图 3-176 所示，标记锁紧螺母在转向横拉杆上的位置，旋松锁紧螺母。

（4）将转向横拉杆球头上的螺母旋松，为保护螺纹，将螺母留在轴颈上几圈，不必拧下。

（5）如图 3-177 所示，将转向横拉杆球头用球形万向节拔出器从车轮轴承壳体上顶出，并将螺母拧下。

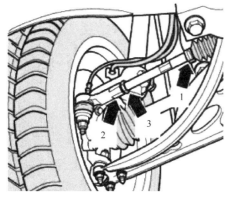 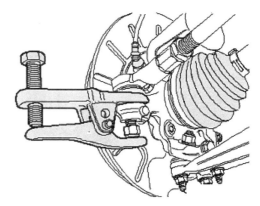

图 3-176　转向横拉杆安装示意　　　　　　　　图 3-177　拆卸横拉杆球头

1—弹簧卡箍；2—横拉杆球头；3—锁紧螺母

（6）用鲤鱼钳将弹簧卡箍从橡胶防尘套上卸下并推到转向横拉杆上。

（7）用十字旋具旋松拆下卡箍并从转向器壳体上拆下橡胶防尘套。

（8）如图 3-178 所示，用螺母扳手松开横拉杆与转向器齿条的连接螺母（夹头），取下转向横拉杆，并做上左、右侧的记号。

（9）将拆下的零件置于工作台上，按顺序放好。

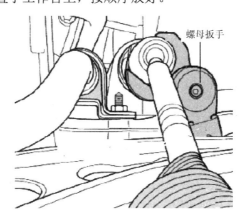

图 3-178　转向横拉杆拆卸示意

### 3．转向器总成的拆卸

速腾汽车转向器装配关系如图 3-179 所示。

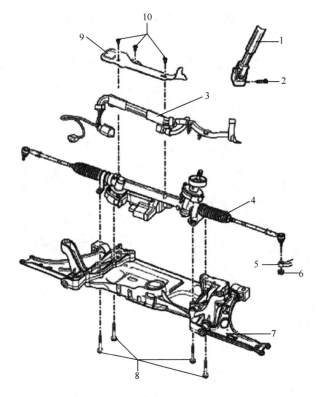

图 3-179　速腾转向器装配简图

1—万向节传动轴；2—六角螺栓；3—线束；4—转向器总成；5—车轮轴承壳体；

6—六角螺母；7—带托架的副车架；8—六角螺栓；9—隔板；10—星形螺栓

（1）如图 3-180 所示，拆下隔音垫的固定螺栓，取下隔音垫。

（2）从横向稳定杆上拆下连接杆。

（3）旋下图 3-181 中箭头所指控制臂上的螺母。

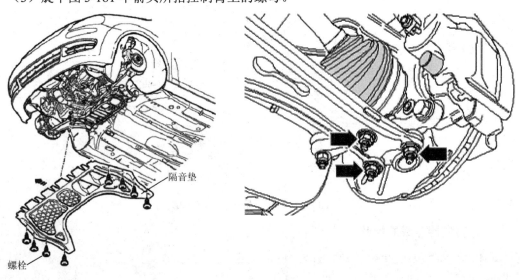

图 3-180　拆卸隔音垫　　　　　　　　　图 3-181　拆卸控制臂螺母

（4）旋出图 3-182 中的螺栓 14，从变速箱上拆下摆动支撑。

（5）从副车架上拆下排气装置支架。

（6）拆卸图 3-183 中箭头所指的隔热板上的两个螺栓，将隔热板与副车架分离。

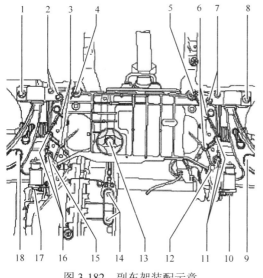

图 3-182　副车架装配示意

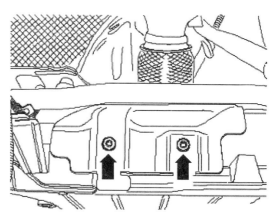

图 3-183　拆卸隔热板

1、2、7、8—支撑座与托架连接螺栓；3、6—转向器固定螺栓；
4、5、12、15—托架与副车架连接螺栓；9、18—副车架与车
架连接螺栓；10、17—副车架与控制臂连接螺栓；11、16—稳
定杆固定螺栓；13—副车架与摆动支撑的连接螺栓；
14—摆动支撑固定螺栓

（7）如图 3-182 所示，旋出转向器和稳定杆的螺栓 3、6、11 和 16。

（8）固定副车架和托架。

（9）如图 3-184 所示，将举升装置安装在副车架下，把一块木头放于举升装置与副车架之间。

（10）旋出图 3-182 中的螺栓 4、5，用举升装置将副车架降低些，同时观察电线的松紧程度。

（11）穿过转向器取下隔热板。

（12）如图 3-185 所示箭头，将电缆导向件从副车架上取下。

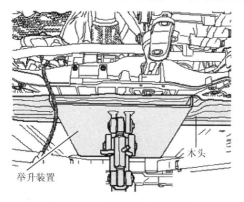

图 3-184　举升装置安装示意

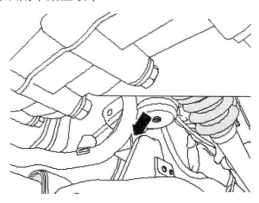

图 3-185　拆卸电缆导向件

（13）脱开转向器上的其他电缆固定点。

（14）从转向器上断开所有电气连接。

（15）利用举升装置将转向器和副车架往下降，取下转向器总成，并将其置于工作台上，按如图 3-186 所示的位置放好，防止控制器受到损伤。

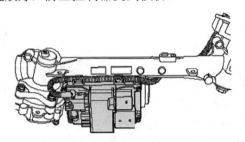

图 3-186　转向器放置方位示意

### 4．转向器总成的解体

速腾转向器的组成如图 3-187 所示。

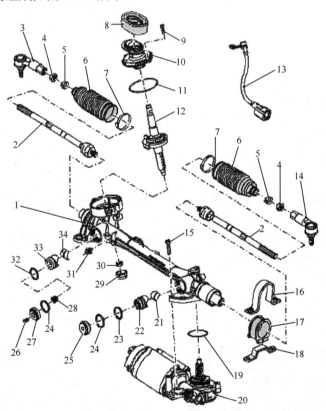

图 3-187　转向器总成组成

1—转向器壳体；2—转向横拉杆；3—左侧转向横拉杆球头；4—螺母；5—弹簧卡箍；6—橡胶防尘套；7—卡箍；8—密封条；9—螺栓；10—盖板；11—密封环；12—带有转向力矩传感器的转向小齿轮；13—传感器线束；14—右侧转向横拉杆球头；15—螺栓；16—带螺母的卡箍；17—橡胶承座；18—支架；19—密封环；20—带控制单元的伺服电动机总成；21—支承薄膜；22—液压承压件；23—密封环；24—密封环；25—调整螺母；26—橡皮塞；27—调整螺母；28—弹簧；29—密封螺栓；30—六角螺母；31—固定夹；32—密封环；33—机械承压件；34—支承薄膜

（1）将两侧的转向横拉杆安装到转向器上，如图 3-188 所示，将转向器固定在翻转架上。

（2）清洁转向器，防止拆卸过程中有异物掉入转向器内部。

（3）测量转向系的旋转力矩

① 将转向器小齿轮向右旋转至极限处。

② 如图 3-189 所示，利用摩擦系数测量仪将转向器小齿轮向左均匀旋转至极限处，读取转向力矩。标准值为（3±2）N·m。

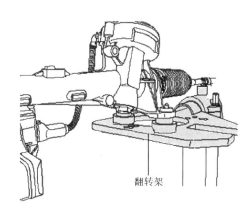

图 3-188　固定转向器

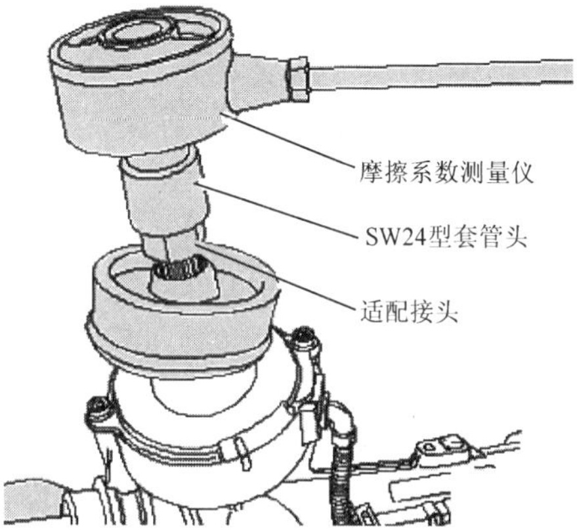

图 3-189　转向系旋转力矩测量示意

（4）拆下用于左橡胶防尘套的卡箍，并将橡胶防尘套从转向器壳体上拆下。

（5）用工具转动转向小齿轮至如图 3-190 所示的位置，a 为 28mm。

（6）旋转翻转架，直至带有调整螺母的承压件向上。

（7）如图 3-191 所示，用 φ4mm 钻头在液压承压件压制区域范围各钻一个深度 a 不超过 3mm 的孔。

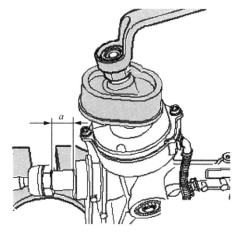
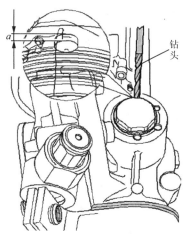

图 3-190　齿条位置示意

图 3-191　液压承压件钻孔位置示意

（8）用抽气机将钻孔碎屑完全从转向器壳体中吸出。

（9）如图 3-192 所示，旋出调整螺母，取出弹簧和密封环。

（10）如图 3-193 所示，用工具取出液压承压件和支承薄膜。

（11）如图 3-194 所示，用 φ4mm 钻头在机械承压件压制区域范围各钻一个深度 a 不超过 3mm 的孔。

（12）用抽气机将钻孔碎屑完全从转向器壳体中吸出。

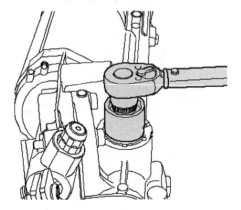

图 3-192　拆卸调整螺母

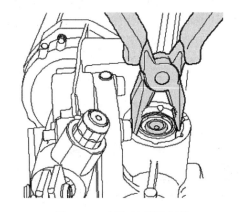

图 3-193　拆卸液压承压件

（13）旋出调整螺母，取出弹簧和密封环。

（14）如图 3-195 所示，用工具取出机械承压件和支承薄膜。

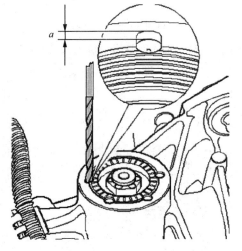

图 3-194　机械承压件钻孔位置示意

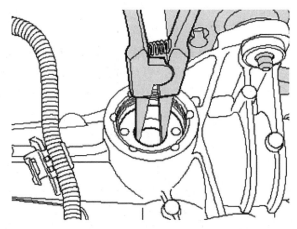

图 3-195　拆卸机械承压件

（15）如图 3-196 所示，将密封条从盖板上拆下，标记盖板在转向器壳体的安装位置（箭头所指），将两侧的螺栓旋出，拆下盖板。

【注意】防止身体与电子零部件接触（图 3-197 中箭头所指的转向力矩传感器部分），因为身体上产生的静电在接触转向器的电气部件时可能会导致功能故障。

（16）如图 3-198 所示，在传感器线束插头上有一个机组，用于连接线圈弹簧，在拆卸传感器线束时将线圈弹簧旋转至插头可以拆下的位置（最大旋转 30°）。

（17）如图 3-199 所示，用工具将线束插头从转向力矩传感器线圈弹簧的壳体上压出来，使传感器线束插头与转向力矩传感器分开。

（18）如图 3-200 所示，将传感器线束插头与机组从转向器壳体上小心地拉出。

（19）如图 3-201 所示，按下卡舌 A，沿箭头方向断开传感器线束与转向助力控制单元的插头连接。

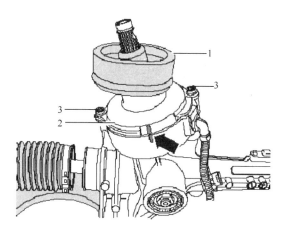

图 3-196　密封条和盖板位置示意

1—密封条；2—盖板；3—螺栓

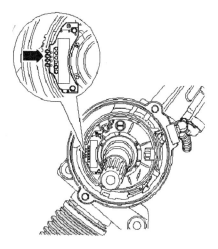

图 3-197　转向力矩传感器位置示意

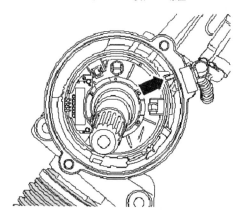

图 3-198　机组位置示意

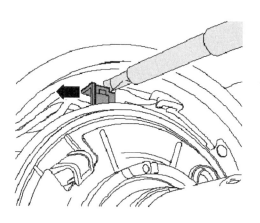

图 3-199　传感器线束插头拆卸示意

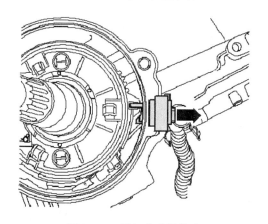

图 3-200　拆卸传感器线束

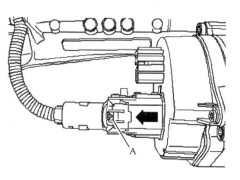

图 3-201　断开传感器线束与控制单元连接

（20）扳动线束固定夹，取下传感器线束。

（21）旋下图 3-202 中箭头所指的密封螺栓。

（22）旋下图 3-203 中箭头所指的固定转向小齿轮的六角螺母。

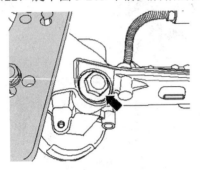

图 3-202　密封螺栓位置示意

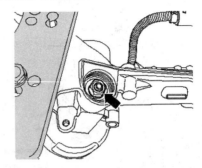

图 3-203　六角螺母位置示意

（23）标记转向小齿轮与转向器壳体的相对位置。

（24）将带有转向力矩传感器的转向小齿轮从转向器壳体中拉出。

【注意】需固定转向力矩传感器线圈弹簧，如使用黏纸固定，如图 3-204 所示。

（25）旋出图 3-205 中伺服电动机总成与转向器壳体的固定螺栓，取下带有控制单元的伺服电动机总成和密封环。

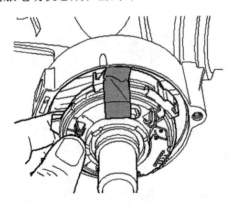

图 3-204　固定线圈弹簧

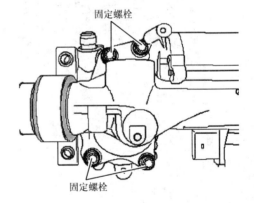

图 3-205　伺服电动机总成拆卸示意

（26）卸下两侧的转向横拉杆，从转向器壳体内抽出转向器齿条。

（27）将拆下的零件按顺序放置于工作台上。

## 5．转向器总成的组装

（1）将转向器壳体固定在翻转架上。

（2）在齿条上涂抹专用润滑脂并将其装入转向器壳体内。

（3）将两侧的转向横拉杆安装到转向齿条上，并以 100N·m 的力矩拧紧，移动齿条位置以保证如图 3-206 所示中的 $a=28mm$。

（4）将新的密封环安装在带有控制单元的伺服电机总成上。

（5）如图 3-207 所示，将带有控制单元的伺服电机总成安装在转向器壳体中，更换新的固定螺栓并用 35N·m 的力矩拧紧。

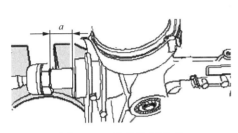

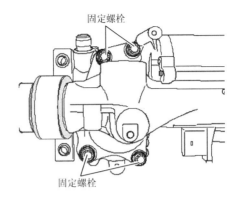

图 3-206　齿条位置示意　　　　图 3-207　安装伺服电动机总成

（6）将传感器线束插头插入转向助力控制单元上的接口中，插头必须安装到位，应听到定位的声音。

（7）如图 3-208 所示，用专用润滑脂涂抹箭头 1 所指的轴承和箭头 2 所指的转向小齿轮齿牙。

【注意】润滑脂不得涂抹在传感器及其周围。

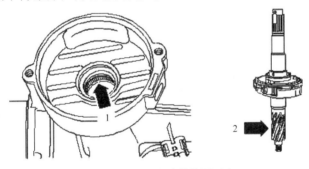

图 3-208　润滑脂涂抹位置示意

（8）将带有转向力矩传感器的转向小齿轮按照拆卸时所做的标记装入转向器壳体中，与齿条配合后保证齿条的位置不动。

【注意】新的带有转向力矩传感器的转向小齿轮包含一个防旋转保险装置，如图 3-209 所示的箭头所指，这个装置只有在安装了传感器线束后才可被拉出。

（9）如图 3-210 所示，更换新的固定转向小齿轮的六角螺母，并用 25N·m 的力矩拧紧。

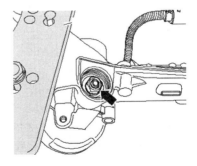

图 3-209　防旋转保险装置位置示意　　　　图 3-210　六角螺母安装示意

（10）用专用润滑脂填充密封螺栓的空腔。

（11）如图 3-211 所示箭头，用专用胶水环绕涂抹在密封螺栓的螺纹上，用 65N·m 的力矩拧紧密封螺栓。

（12）小心地将传感器线束插头穿过机组安装孔，然后插到线圈弹簧上的接口中，不要锁紧。

（13）如图 3-212 所示，将机组装入转向器壳体上的安装孔中，对准转向力矩传感器塑料环上的相应位置，然后安装到位。

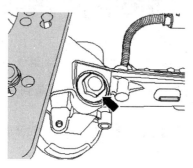
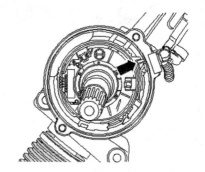

图 3-211　安装密封螺栓　　　　　　　　　图 3-212　机组安装位置示意

（14）利用工具将传感器线束插头锁紧，然后将传感器线束按入转向器壳体上的固定夹中，注意线束走势。

（15）更换转向小齿轮盖板上的密封环，在盖板内轴密封环上的中间空间内涂抹专用润滑脂。

（16）对准拆卸盖板时做的标记，更换新的螺栓以固定盖板，并用 15N·m 的力矩拧紧。

（17）如图 3-213 所示的箭头所指，用专用润滑脂涂抹机械承压件、支承薄膜、新的密封环和转向器壳体中的钻孔。

（18）用手将支承薄膜和机械承压件装入转向器壳体中。

（19）装上新的密封环（图 3-214 中的箭头所指）和新的弹簧，并以 40N·m 的力矩拧紧机械承压件的调整螺母。

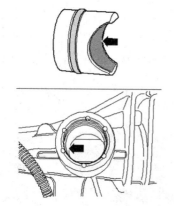
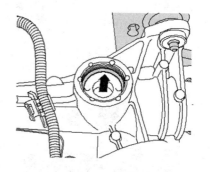

图 3-213　机械承压件润滑脂涂抹位置示意　　　图 3-214　安装机械承压件密封环

（20）如图 3-215 所示，用冲子在机械承压件压制范围冲六个点，冲子点必须与钻孔相隔两个刻度。

（21）如图 3-216 所示，在转向器壳体和调整螺母上标记一个位置 1，逆时针旋转机械承压件调整螺母 6 个刻度至位置 2，其中拧松力矩至少为 15N·m。

【注意】如果不能达到拧松力矩，进行以下操作。

①以 40N·m 的力矩再次拧紧调整螺母，用冲子加强 6 个冲子点。

②检查所标记的刻度，必要时重新标记。

③逆时针旋转调整螺母 6 个刻度，其中拧松力矩必须达到至少 15N·m。

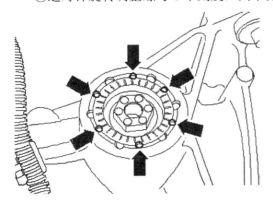 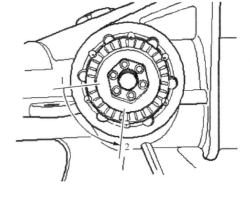

图 3-215　机械承压件冲子点位置　　　　图 3-216　机械承压件调整螺母转动位置

（22）如图 3-217 所示的箭头所指，用专用润滑脂涂抹液压承压件、支承薄膜、新的密封环和转向器壳体中的钻孔。

（23）用手将支承薄膜和液压承压件装入转向器壳体中。

（24）装上新的密封环（图 3-218 中箭头所指）和新的弹簧。

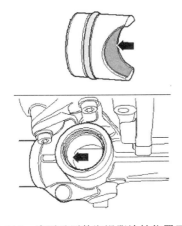 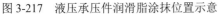 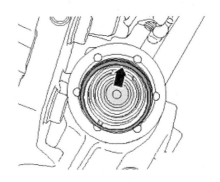

图 3-217　液压承压件润滑脂涂抹位置示意　　图 3-218　液压承压件密封环的安装

（25）如图 3-219 所示，以 40N·m 的力矩拧紧液压承压件的调整螺母。

（26）如图 3-220 所示，用冲子在液压承压件压制范围冲六个点，冲子点必须与钻孔相隔两个刻度。

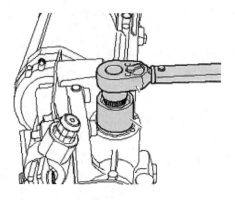

图 3-219　液压承压件调整螺母的安装

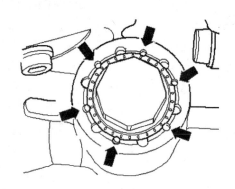

图 3-220　液压承压件冲子点位置

（27）如图 3-221 所示，在转向器壳体和调整螺母上标记一个位置 1，逆时针旋转液压承压件调整螺母 5.5 个刻度至位置 2，其中拧松力矩至少为 15N·m。

【注意】如果不能达到拧松力矩，进行以下操作。

① 以 40N·m 的力矩再次拧紧调整螺母，用冲子加强 6 个冲子点。

② 检查所画的刻度标记，必要时重新标记。

③ 逆时针旋转调整螺母 5.5 个刻度，其中拧松力矩必须达到至少 15N·m。

（28）将橡皮塞从机械承压件调整螺母上拆下。如图 3-222 所示，将精度为 0.001mm 的千分表用 1mm 的预应力将千分表压入调整螺母内部的孔中，将千分表调零。

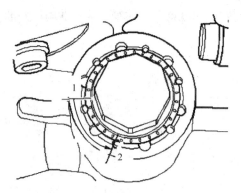

图 3-221　液压承压件调整螺母转动位置示意

图 3-222　千分表安装位置示意

① 用扭力扳手转动转向横拉杆，读取千分表上所显示的值，标准值为 0.005～0.05mm。

② 将转向器从左极限处转至右极限处，观察千分表上所显示的值，标准值为 0.05～0.12mm。

【注意】如果无法达到齿条间隙的额定值，则必须完全更换转向器。

（29）将千分表拆下，将橡皮塞压入调整螺母中。

（30）拆卸两侧的转向横拉杆。

（31）将转向器从左极限处均匀转至右极限处，在转向时不得有卡住的现象发生。如果有，说明齿条表面有损坏，必须更换转向器。

（32）测量转向系的旋转力矩

① 将转向器小齿轮向右旋转至极限处。

② 如图 3-223 所示，利用摩擦系数测量仪将转向器小齿轮向左均匀旋转至极限处，读取转向力矩（其标准值为（3±2）N·m）。如果超过标准值，逆时针旋转液压承压件的调整螺母，接着测量转向力矩，调至合适为止；如果小于标准值，顺时针旋转液压承压件的调整螺母，接着测量转向力矩，调至合适为止。

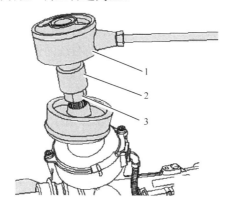

图 3-223　测量转向系旋转力矩

1—摩擦系数测量仪；2—SW24 型套管头；3—适配接头

### 6．转向器总成的安装

转向器总成的安装以拆卸的倒序进行。但需注意以下事项。

（1）安装转向器总成前在转向器的密封件上涂润滑剂。

（2）更换将转向器安装于副车架上的螺栓，以 50N·m 的力矩拧紧，再旋转 90°。

### 7．转向传动机构的安装

转向传动机构的安装以拆卸的倒序进行。但需注意以下事项。

（1）更换新的卡箍和橡胶防尘套，并将橡胶防尘套的两端固装在正确位置。

（2）不要将左、右两侧的转向横拉杆装反，旋转横拉杆至齿条中，用 100N·m 的力矩拧紧。

（3）转向横拉杆球头连接到车轮轴承壳体上的螺母拧紧力矩为 20N·m，再旋转 90°。

### 8．转向操纵机构的安装

转向操纵机构的安装以拆卸的倒序进行。但需注意以下事项。

（1）更换将转向轴万向节安装在转向器上的螺栓，拧紧力矩为 20N·m，再旋转 90°。

（2）将转向柱固定于支撑座上的螺栓用 20N·m 的力矩拧紧。

（3）转向盘固定螺栓的拧紧力矩为 50N·m。

### 9．系统的调整与匹配

（1）安装后，在试车时必须检查转向盘的位置。

（2）连接蓄电池搭铁线，用汽车诊断系统、测量与信息系统"引导型故障查询"对转向角传感器进行基本设置。

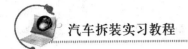

（3）对车轮进行定位检测。

（4）如果安装了新的转向器，必须用汽车诊断系统、测量与信息系统对转向辅助控制单元进行基本设置。

# 3.4 制动系统的拆装

本节以桑塔纳 2000 为例进行防抱死制动系统（Anti-lock Braking System，ABS）的拆装，以东风 EQ1092 型载货汽车为例进行气压制动系统的拆装。

## 3.4.1 防抱死制动系统的拆装

桑塔纳 2000 防抱死制动系统的布置如图 3-224 所示。

### 1．制动液的排出

拆卸系统之前断开制动储液罐锁紧盖上的制动液报警指示器插头，旋下锁紧盖，然后启动发动机，让系统处于工作状态。举升汽车，取下制动轮缸放气螺栓上的防尘套，将油管一端套在放气螺栓上，另一端放入专门用于盛放制动液的容器中，旋松放气螺栓，使制动液流入容器中。多次踩踏制动踏板，直至制动液从系统中完全流出。

【注意】

① 制动液具有毒性，切忌用软管吸出。

② 制动液有强腐蚀性，不可与油漆接触。

③ 制动液有吸湿性，能吸收周围空气中的水分，因此需将它存放在密封的容器里。

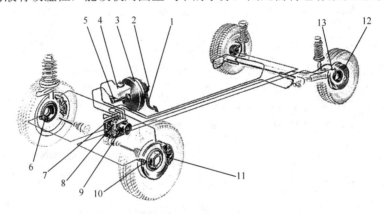

图 3-224　桑塔纳 2000 防抱死制动系统布置

1—制动踏板；2—制动灯开关；3—真空助力器；4—制动储液罐；5—制动主缸；6—右前轮速传感器；7—ABS 控制单元；8—ABS 制动压力调节装置；9—液压泵电机；10—左前轮速传感器；11—盘式制动器；12—鼓式制动器；13—左后轮速传感器

### 2．制动传动机构的拆装

桑塔纳 2000 汽车制动传动机构组成如图 3-225 所示。

（1）断开制动主缸上的两根油管。

（2）断开制动储液罐与离合器主缸连接的低压管路。

（3）断开真空管与真空助力器的连接。

（4）拆下驾驶员侧储物箱与下护板。

（5）拆下制动踏板与真空助力器压力杆连接叉的锁片和销子。

（6）拆卸真空助力器与安装支架连接的固定螺栓，将真空助力器与制动主缸一起从车上拆下。

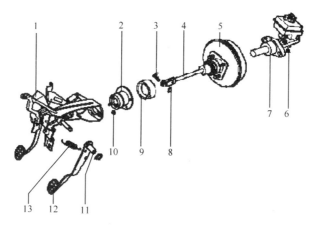

图 3-225　制动传动机构组成

1—踏板轴承支架；2—真空助力器安装支架；3—销子；4—真空助力器压力杆；5—真空助力器；6—自锁螺母（20N·m）；7—制动主缸；8—锁片；9—支架密封圈；10—螺母（20N·m）；11—支承轴套；12—制动踏板；13—回位弹簧

（7）旋下制动主缸与真空助力器的两个紧固螺栓，使制动主缸与真空助力器分离。

（8）断开转向器与挠性联轴节的连接，并将转向柱向上拉起少许。

（9）拔下制动灯开关线束插头，旋下踏板轴承支架与真空助力器安装支架的连接螺栓，将离合器踏板、制动踏板、踏板轴承支架一起取下。

（10）装配顺序与拆卸顺序相反。但需要对制动踏板自由行程进行调整。

① 踩下制动踏板若干次，使真空助力器里面没有空气。

② 松开真空助力器压力杆上的调整螺母，转动连接叉改变压力杆长度，调短压力杆，则踏板自由行程增大；调长压力杆，则踏板自由行程减小。调好后拧紧锁紧螺母。

③ 先测量出制动踏板的自由高度，然后压下踏板至感到稍有阻力，再次测量出踏板的高度，两高度差即踏板的自由行程。桑塔纳的踏板自由行程不大于 45mm。

**3．制动防抱死装置的拆装**

桑塔纳 2000 制动主缸为串联双腔式，图 3-226 所示为制动管路示意图。

（1）断开蓄电池搭铁线和电源线，拆下蓄电池及支架。

（2）拔出锁止扣，从 ABS 电子控制单元上拔下线束插接器。

（3）拆下制动主缸到压力调节装置的制动油管，并做好标记，用密封塞将接头塞住，以防脏物进入。

（4）拆下压力调节装置到各车轮制动轮缸的制动管，并做好标记，用密封塞将接头塞住，以防脏物进入。

【注意】操作中不能让制动液渗入电子控制单元的壳体内，以免产生腐蚀。

（5）旋下压力调节装置与其固定支架的连接螺栓，取下压力调节装置与电控单元总成。

（6）旋下电控单元与压力调节装置的连接螺栓，将电控单元与压力调节装置分离。

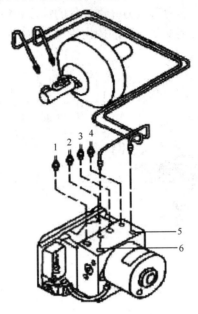

图 3-226　制动管路示意

1—左前制动油路接口；2—右后制动油路接口；3—左后制动油路接口；

4—右前制动油路接口；5—制动主缸的主动腔油路接口；6—制动主缸的随动腔油路接口

（7）如图 3-227 所示，拔下前轮轮速传感器导线插头。

（8）用内六角扳手拆下前轮轮速传感器固定螺栓，取下前轮轮速传感器。

（9）拆卸前轮轮速传感器磁性齿圈。

（10）如图 3-228 所示，拔下后轮轮速传感器导线插头。

（11）用内六角扳手拆下后轮轮速传感器固定螺栓，取下后轮轮速传感器。

（12）拆卸后轮轮速传感器磁性齿圈。

（13）装配顺序与拆卸顺序相反。需注意：前轮左、右轮速传感器型号不同，位置不能互换；后轮左、右轮速传感器型号相同，可以互换。

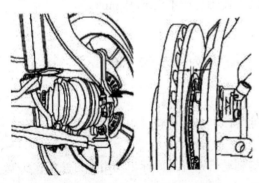

图 3-227　前轮轮速传感器位置示意

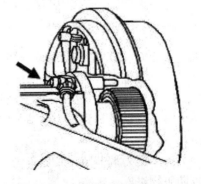

图 3-228　后轮轮速传感器位置示意

#### 4．盘式制动器的拆装

桑塔纳 2000 汽车前轮采用浮钳盘式制动器，其装配关系如图 3-229 所示，其组成如图 3-230 所示。

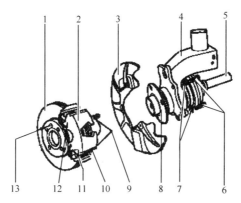

图 3-229　盘式制动器安装简图

1—制动盘；2—制动钳体；3—制动器底板；4—车轮支承壳；5—半轴；6—固定螺栓；7—弹簧垫圈；8—轮毂；
9—导向螺栓；10—制动钳支架；11—摩擦块；12—保持弹簧；13—定位螺栓

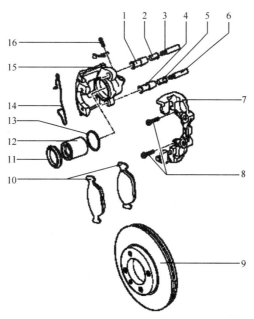

图 3-230　盘式制动器组成示意

1—上橡胶衬套；2—上塑料套；3—上导向螺栓；4—下橡胶衬套；5—下塑料套；6—下导向螺栓；7—制动钳支架；8—固定螺
栓；9—制动盘；10—摩擦块；11—防尘罩；12—活塞；13—密封圈；14—保持弹簧；15—制动钳体；16—放气螺栓

（1）拆下车轮装饰外罩，卸下车轮，旋下轮毂与半轴的连接螺母。

（2）如图 3-231 所示，用一字旋具撬出保持弹簧。

【注意】装配时必须安装新的保持弹簧。

（3）旋下图 3-232 中箭头所指制动钳体的上、下导向螺栓。

【注意】安装制动钳体时用 40N·m 的力矩拧紧导向螺栓。

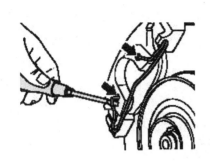
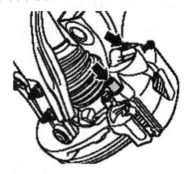

图 3-231　拆卸保持弹簧　　　　　　图 3-232　制动钳体导向螺栓位置示意

（4）断开制动钳体与制动管路的连接接头。

（5）取下制动钳体，将内侧摩擦块从制动钳体上取下。

（6）从制动钳支架上取下外侧摩擦块。

（7）旋下图 3-233 中箭头所指的固定螺栓，取下制动钳支架。

【注意】使用带肩螺栓将制动钳支架紧固在车轮支承壳上，拧紧力矩是 70N·m。

（8）旋下制动盘的定位螺栓，取下制动盘。

（9）将轮速传感器磁性齿圈与轮毂共同取下。

（10）松开磁性齿圈与轮毂的三个连接螺栓，将两者分离。

（11）旋下制动钳体上的放气螺栓，如图 3-234 所示，用压缩空气将活塞压出至防尘罩展开最大处，取下防尘罩，拉出活塞。

【注意】在活塞对面垫上木片，以免活塞受损。

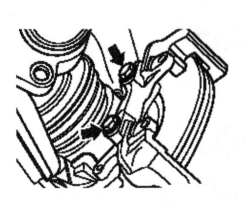
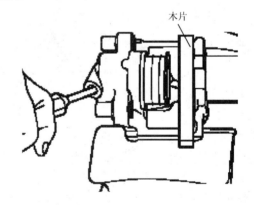

图 3-233　制动钳支架固定螺栓位置示意　　　　图 3-234　拆卸活塞

（12）如图 3-235 所示，用一字旋具小心地取下密封圈。

（13）活塞的安装。安装前在活塞和密封圈上涂一层制动液。

① 将密封圈装入液压缸的里侧槽口内。

② 把防尘罩展开，如图 3-236 所示，将外密封唇边套在活塞上。

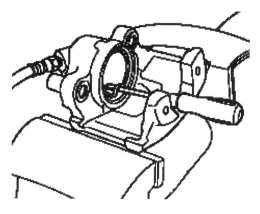

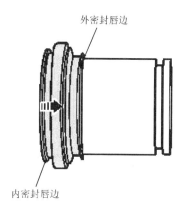

外密封唇边

内密封唇边

图 3-235　拆卸密封圈　　　　　　　　　图 3-236　防尘罩安装方位示意

③ 如图 3-237 所示，用一字旋具把防尘罩内密封唇边按入液压缸的外侧槽口内。此时应使活塞停留在液压缸外面。

④ 如图 3-238 所示，用活塞回位夹具把活塞压入液压缸内，把防尘罩的外密封唇边卡入活塞的限位环槽处。

（14）其余零部件的安装顺序与拆卸顺序相反。

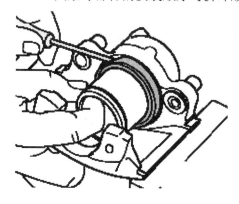

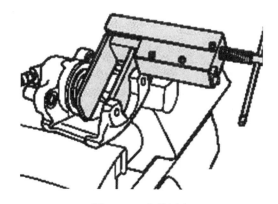

图 3-237　安装防尘罩内密封唇边　　　　　图 3-238　安装活塞

### 5．鼓式制动器的拆装

桑塔纳 2000 汽车后轮采用领从蹄式鼓式制动器，其主要组成如图 3-239 所示，拆卸时要松开驻车制动手柄。

（1）卸下后轮。

（2）如图 3-240 所示，用专用工具卡住轮毂盖两端，并沿箭头方向向外拉出轮毂盖。

（3）取下开口销、开槽垫圈。

（4）旋下调整螺母，取下止推垫圈和圆锥滚子轴承。

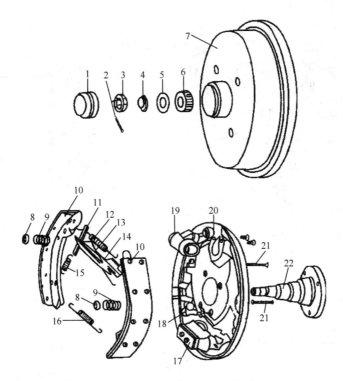

图 3-239　鼓式制动器组成简图

1—轮毂盖；2—开口销；3—开槽垫圈；4—调整螺母；5—止推垫圈；6—轴承；7—制动鼓；8—弹簧座；9—压缩弹簧；
10—制动蹄片；11—楔形件；12—回位弹簧；13—上回位弹簧；14—压力杆；15—楔形件回位弹簧；16—下回位弹簧；
17—固定块；18—螺栓；19—制动轮缸；20—制动底板；21—定位销；22—后轮支撑轴

（5）旋下制动鼓的定位螺栓，用橡胶锤轻打制动鼓，并用一字旋具将其撬下。

（6）用鲤鱼钳转动弹簧座，取下压缩弹簧、定位销和弹簧座。

（7）用手从固定块上提起制动蹄，取下下回位弹簧。

（8）向外拉动制动蹄总成，取下制动杆上的驻车制动拉索，取下制动蹄总成。

（9）用鲤鱼钳取下楔形件回位弹簧和上回位弹簧。

（10）扳动制动杆，取下不带压力杆侧的制动蹄片。

（11）把带压力杆的制动蹄夹紧在台虎钳上，拆下回位弹簧，将制动杆与制动蹄片分离。

（12）断开制动轮缸与制动管路的连接接头。

（13）拆下制动轮缸与制动器底板的固定螺栓，取下制动轮缸。

（14）如图 3-241 所示，松开制动轮缸两侧的防尘罩，连同密封圈取出活塞，取出弹簧，从活塞上取下密封圈。

（15）将所有拆下的零件置于工作台上，摆放整齐。

（16）制动轮缸的安装

①　清洁轮缸的各个零件。

②　将弹簧装入缸体内。

③　在活塞和密封圈上涂抹制动液进行润滑。

④　分别从两端依次装上密封圈、活塞和防尘罩。

（17）其余零部件的安装顺序与拆卸顺序相反。

图 3-240　轮毂盖拆卸示意图

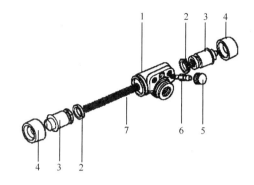

图 3-241　制动轮缸组成示意

1—车轮制动轮缸外壳；2—密封圈；3—活塞；4—防尘罩；
5—防尘套；6—放气螺栓；7—弹簧

### 6．制动液的加注

将制动系统各部分装复后，向储液罐内加注制动液至规定刻度。首先对常规液压制动系统进行放气，然后使用译码器对 ABS 制动压力调节装置进行"04-基本设定"确保其内部充分放气，保证各油路的制动效果。

（1）常规液压制动系统的放气

两人配合，按右后→左后→右前→左前的顺序进行放气。

① 将一根软管的一端接到放气螺栓上，另一端插入盛有少许制动液的透明容器底部。

② 一人用力迅速踩下并缓慢放松制动踏板，如此反复数次后，踩下制动踏板并保持不动。

③ 另一人拧松放气螺栓，管路中的空气随制动液顺着软管排出，再将放气螺栓拧紧。

④ 重复上述②、③步骤多次，直至容器中制动液里无气泡产生为止。

【注意】随时观察储液罐中制动液面高度，必要时添加制动液。

（2）制动压力调节装置的放气

在此，使用元征 X-431 译码器进行操作。需要 3 个人配合完成，1 人负责踩踏制动踏板，1 人负责添加制动液，1 人负责旋松或拧紧放气螺栓。

① 连接译码器，打开点火开关。

② 开启译码器，选择相应车型进入"制动防抱死系统"读取故障码，确认无故障码存在。

【注意】如存在故障码，必须清除所有故障记忆，确保系统无故障存在才可以进行下面的操作。

③ 选择"基本设定"功能，输入 001 通道。

按照译码器提示进行如下操作：

a．踩下制动踏板并且保持住，松开两前轮放气螺栓；

b．踩下制动踏板 10 次，锁紧放气螺栓。

④ 选择"基本设定"功能，依次输入 002～016 通道。

按照译码器提示进行如下操作：

a．踩下制动踏板并且保持住，松开两前轮放气螺栓；

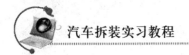

b. 连续踩下制动踏板 10 次，锁紧放气螺栓。

⑤ 输入 017 通道，结束排气程序。

【注意】只能按照 001 通道到 017 通道顺序递增操作，中间不能跳越任一通道操作。若感觉空气还没排干净，行车 15km 以后，再重复①～⑤步骤。

### 3.4.2 气压制动系统的拆装

**1. 制动器的拆卸**

1）车轮的拆卸

（1）在车轮着地时，用专用扳手对角旋松车轮与轮毂连接的紧固螺母。

（2）用三角木顶住后轮，用千斤顶举升车辆前端，在前桥下架好保险凳以防万一。

（3）旋下车轮与轮毂连接的紧固螺母。

（4）取下车轮。

2）制动鼓的拆卸（图 3-242）

（1）旋下轮毂轴承盖上的四个固定螺栓，取下轮毂轴承盖和衬垫。

（2）剔平止动垫圈，依次拆下锁紧螺母、止动垫圈、调整螺母锁紧垫圈和调整螺母。

（3）取出轮毂外轴承，拉出轮毂和制动鼓的组合件，取出轮毂内轴承。然后将锁紧螺母旋入转向节少许，保护螺纹在拆装中不受损伤。

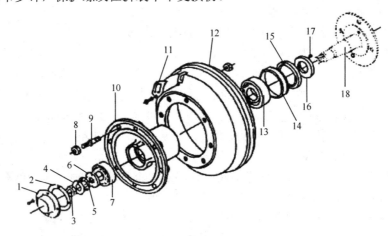

图 3-242　制动鼓的拆卸示意

1—轮毂轴承盖；2—衬垫；3—锁紧螺母；4—止动垫圈；5—调整螺母锁紧垫圈；6—调整螺母；7—轮毂外轴承；8—螺母；9—螺栓；10—轮毂；11—检查孔盖片；12—制动鼓；13—轮毂内轴承；14—油封外圈；15—油封；16—油封内圈；17—定位销；18—转向节

3）制动蹄的拆卸（图 3-243）

（1）用钢丝钳将制动蹄片回位弹簧取下。

（2）拆下蹄片轴上的开口销，取下垫板。

（3）晃动取下两侧制动蹄片，按顺序放好。

（4）旋下蹄片轴与制动底板连接的紧固螺母，取下蹄片轴和锥轴。

（5）拆下制动气室推杆连接叉与制动调整臂连接处的锁销，旋下制动气室与支架的连接螺栓，取下制动气室。

（6）拆下制动调整臂与制动凸轮轴连接处的开口销，取下制动调整臂。

（7）取下制动凸轮的调整垫片，拉出制动凸轮轴，取下支承垫片。

（8）拆下钢丝锁线，旋下制动气室支架的紧固螺栓，取下制动气室安装支架总成。

（9）旋下制动底板的固定螺栓，取下制动底板总成。旋下挡尘板与制动底板的连接螺栓，将挡尘板、衬垫与制动底板分离。

（10）取下油封外圈、油封、油封内圈总成。注意油封内圈上的圆柱销的位置。

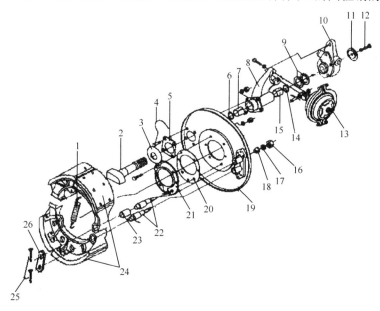

图 3-243　制动蹄的拆卸示意

1—回位弹簧；2—制动凸轮（轴）；3—支承垫片；4—钢丝锁线；5—垫板；6—O 形密封圈；7—衬套；8—制动气室安装支架；9—调整垫片；10—制动调整臂总成；11—挡圈；12—开口销；13—制动气室；14—O 形密封圈；15—衬套；16—紧固螺母；17—弹簧垫圈；18—锥轴；19—制动底板；20—密封垫；21—挡尘板；22—蹄片轴；23—衬套；24—制动蹄片；25—开口销；26—垫板

### 2．制动器的装复

在装复前轮制动器之前，用专用润滑脂对以下部件进行润滑：制动凸轮表面、制动凸轮轴颈、制动蹄片轴和轴孔、制动调整臂、制动气室支架的凸轮轴承孔、转向节轴颈、轮毂内轴承、轮毂外轴承。

（1）将新的油封总成装到转向节上，要将油封内圈上的圆柱销插入转向节上的孔内。

（2）将密封垫和挡尘板装到制动底板上，并将制动底板装到转向节上，用 140～170N·m 的力矩拧紧固定螺栓。

（3）装上轮毂内轴承。

（4）将带有钢丝锁线的紧固螺栓穿过垫板、制动底板穿入制动气室安装支架上的螺栓孔中，拧紧以固定垫板和制动气室安装支架总成。

【注意】制动气室安装支架上的 O 形密封圈拆卸后需更换。

（5）将制动气室装在制动气室安装支架上。

（6）在制动蹄片轴座孔中穿入蹄片轴，并使蹄片轴的两个偏心圆相对，这样做的目的是为了获得最大制动间隙以便制动鼓的顺利安装。

（7）将支承垫片套在制动凸轮轴上，并将总成穿入制动凸轮座孔内。选装合适的凸轮轴调整垫片，保证凸轮轴既能自由转动，轴向窜动量又不大于 1mm。

（8）将制动调整臂总成和挡圈装在制动凸轮轴上，并用开口销锁住。

（9）用锁销将制动气室推杆连接叉与制动调整臂总成连接起来。

（10）首先将制动蹄片装入蹄片轴上并用垫板、开口销锁住，然后在两蹄片间挂上回位弹簧。

【注意】安装制动蹄片时检查制动蹄口、制动蹄摩擦片无油污染；保证制动蹄口和制动凸轮的非圆弧面接触，这样做的目的是为了获得最大制动间隙以便制动鼓的顺利安装。

（11）装上轮毂和制动鼓的组合件，装上轮毂外轴承。

（12）安装调整螺母后需要调整轮毂轴承的预紧度。首先将调整螺母"拧死"，其目的是消除轮毂内、外轴承的滚动间隙；然后回松 1/4 圈左右，转动轮毂应转动灵活无卡滞现象，用两手轴向扳动轮毂应无间隙感，说明轴承预紧度符合要求。

【注意】

① 如果轮毂轴承预紧度过大，会造成转动阻力及摩擦阻力增大，滑行性能变差，轴承容易过热而造成润滑脂外溢，加速轴承非正常磨损，燃料消耗增加。严重时轴承外圈与轮毂间会发生相对转动，使轮毂损坏。

② 如果轮毂轴承预紧度过小，会造成车轮发生歪斜，前轮定位失准，受到侧向力作用时车辆将产生横向摇摆，车轮制动效能变差，车轮制动蹄摩擦片和制动鼓产生非正常磨损，燃料消耗增加。

③ 调整结束后，让汽车行驶一段时间，用手摸试前轮轮毂，如有过热现象，应重新调整轮毂轴承的预紧度。

（13）安装调整螺母锁紧垫圈、止动垫圈、锁紧螺母。

【注意】锁紧螺母的拧紧力矩为 200～250N·m，用工具将止动垫圈翻边以锁死锁紧螺母。

（14）安装新的衬垫和轮毂轴承盖。

### 3．制动器的调整

因拆卸制动底板，可能会造成制动蹄片轴转动和制动凸轮位置改变，从而破坏制动蹄摩擦片和制动鼓的正确接触状态，因此需要进行全面调整。顺序如下。

（1）旋松制动气室支架的紧固螺母，使制动凸轮获得一定的自由度，以便其自动找正中心。

（2）旋松蹄片轴的紧固螺母，转动蹄片轴，使两个蹄片轴销端的偏心标记相距最近。

（3）如图 3-244 所示，取下调整臂蜗杆轴上的防尘套，将锁止套向下按直至完全露出蜗杆轴的四方头，用扳手反复转动蜗杆轴和蹄片轴，使制动蹄摩擦片和制动鼓完全贴合。在调整好的位置上，小心地拧紧制动气室安装支架的紧固螺母和制动蹄片轴的锁紧螺母，此时要保证制动蹄片轴和气室安装支架的位置不变（蹄片轴紧固螺母的拧紧力矩为 130～170N·m）。

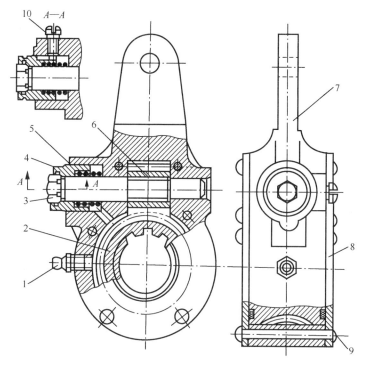

图 3-244　制动调整臂结构示意

1—滑脂嘴；2—调整蜗轮；3—蜗杆轴；4—锁止套；5—弹簧；6—调整蜗杆；
7—制动调整臂体；8—盖；9—铆钉；10—锁止螺钉

（4）将调整臂蜗杆轴拧松 1/2～2/3 转，此时制动鼓应能自由转动，不与制动蹄摩擦片或其他零件擦碰。

（5）透过制动鼓检查孔，用塞尺检查制动蹄片与制动鼓之间的间隙，靠近凸轮端为 0.40～0.55mm，靠近蹄片轴端为 0.25～0.40mm，两侧制动蹄摩擦片的相同位置与制动鼓之间的间隙之差应不大于 0.1mm。

（6）调好后用锁止套锁住蜗杆轴，并安上防尘罩。

# 第4章　车身的拆装

汽车车身主要包括车身壳体、车门、前后板制件、外部装饰件、内部覆饰件、车身附件、座椅和空气调节系统等。本章以桑塔纳 3000 汽车为例，进行仪表板（属于内部覆饰件）、车门、前后板制件、空调系统、座椅和安全带的拆装。

## 4.1　仪表板的拆装

拆卸仪表板前，关闭点火开关，断开蓄电池搭铁线。

（1）拆卸转向盘及转向轴下饰盖，参见本书"5.3 安全气囊系统的拆装"。

（2）如图 4-1 所示，将照明开关按箭头 A 方向按下并按箭头 B 方向旋转一角度，然后沿箭头 C 方向用力拔出，并断开线束插头。

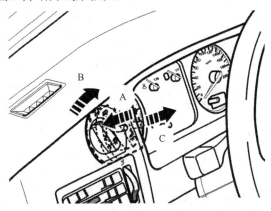

图 4-1　照明开关拆卸示意

（3）断开图 4-2 中箭头所指组合开关的 3 个线束插头，松开图 4-3 中箭头所指的 3 个紧固螺栓，取下组合开关。

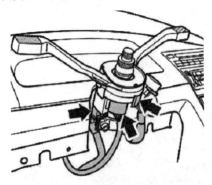

图 4-2　组合开关线束插头位置示意

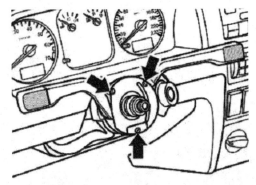

图 4-3　组合开关紧固螺栓位置示意

（4）拆卸驾驶人侧储物箱（图 4-4）。

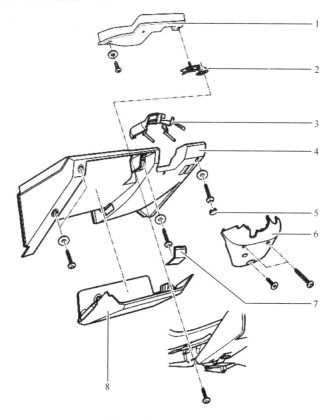

图 4-4　驾驶人侧储物箱

1—隔音垫；2—金属托架；3—转向轴上饰盖；4—储物箱底板；5—饰盖；6—转向轴下饰盖；7—自诊断座饰盖；8—储物箱盖

① 拆下自诊断座饰盖。

② 按如图 4-5 所示的箭头方向按压卡舌，将自诊断座向内推入并取下。

③ 拆下储物箱底板上的螺栓饰盖，旋出如图 4-6 所示的 5 个固定螺栓，拆下驾驶人侧储物箱。

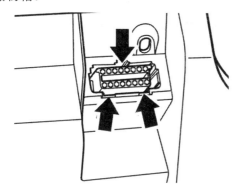

图 4-5　自诊断座拆卸示意

图 4-6　驾驶员侧储物箱底板拆卸示意

（5）拆卸副驾驶侧储物箱（图4-7）

① 如图4-8所示的箭头，打开储物箱盖，撬出储物箱铰链，翻下储物箱。

② 拔下储物箱照明灯线束插头。

③ 旋出图4-9中箭头所指储物箱底板的5个紧固螺栓，拔下储物箱照明开关插头，取下储物箱。

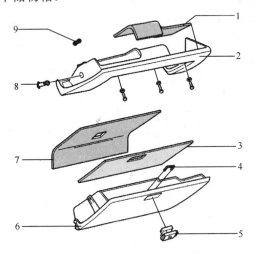

图4-7　副驾驶侧储物箱

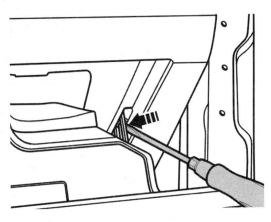

图4-8　撬出储物箱铰链

1—隔音层；2—储物箱底板；3—储物箱衬里；4—箱锁卡簧；

5—箱锁；6—储物箱盖；7—衬里隔音层；8—铰链销钉；

9—橡胶止动环

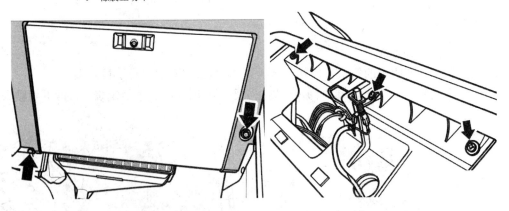

图4-9　副驾驶侧储物箱底板螺栓位置示意

（6）拆卸中央通道前饰罩（图4-10）。

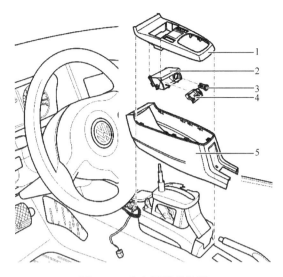

图 4-10　中央通道前饰罩

1—中央通道前饰罩面板；2—烟灰盒及点烟器支架；3—点烟器；4—烟灰盒；5—中央通道前饰罩

① 打开烟灰盒盖，取出烟灰盒。

② 按如图 4-11 所示的箭头松开换挡操纵杆防尘罩，将防尘罩和换挡操纵手柄逆时针旋下。

③ 撬出图 4-12 中箭头所指的车门玻璃升降器控制开关，断开线束插头。

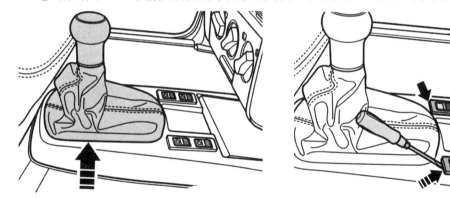

图 4-11　换挡手柄及操纵杆防尘罩　　　　图 4-12　玻璃升降器控制开关拆卸示意

④ 揭开橡胶装饰垫，旋出图 4-13 中箭头所指的紧固螺栓。

⑤ 朝后上方拉出中央通道前饰罩。

⑥ 拔下点烟器线束插头，取下中央通道前饰罩。

（7）拆卸收放机，参见本书"5.2.3　收放机的拆装"。

（8）拆卸组合仪表，参见本书"5.1.12　组合仪表的拆装"。

（9）如图 4-14 所示，撬下仪表板中央饰板上各种电器开关，断开相应的线束插头。

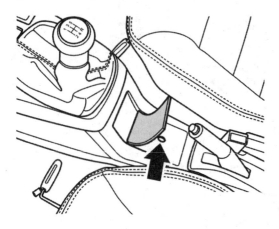

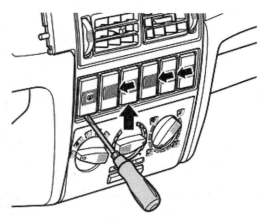

图 4-13　中央通道前饰罩紧固螺栓位置示意

图 4-14　电器开关拆卸示意

（10）拆卸空调系统调节装置

① 按如图 4-15 所示，拆下空调调节开关饰板。

② 旋出图 4-16 中箭头所指的空调调节开关的 4 个紧固螺栓。

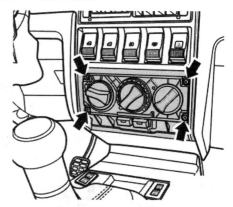

图 4-15　空调调节开关饰板拆卸示意

图 4-16　空调调节开关紧固螺栓位置示意

（11）旋出图 4-17 中箭头所指的仪表板与仪表台托架间的两个紧固螺栓。

（12）用一字旋具撬出图 4-18 中箭头所指仪表板两侧的饰盖，旋出两个紧固螺栓。

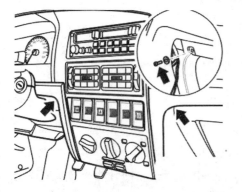

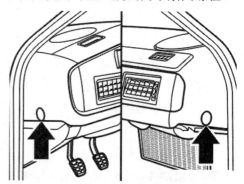

图 4-17　仪表板与托架紧固螺栓位置示意

图 4-18　仪表板两侧紧固螺栓位置示意

（13）从前端（发动机舱）旋出图 4-19 中箭头所示的两个紧固螺母。

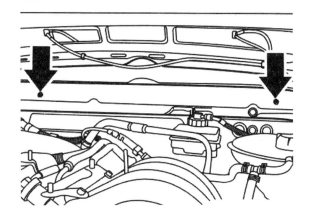

图 4-19　仪表板与车身紧固螺栓位置示意

（14）断开空调左、中、右风道与各自出风口的连接，如图 4-20 所示，拆除两侧 A 柱装饰条。

（15）拔下前高音扬声器的线束插头，取下仪表板。

（16）拆卸前高音扬声器，参见"5.2.4 前高音扬声器的拆装"。

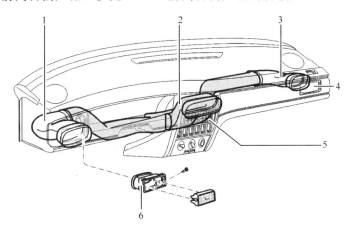

图 4-20　空调风道与出风口

1—左侧风道；2—中央风道；3—右侧风道；4—右出风口；5—中央出风口；6—左出风口

（17）从仪表板背面旋出图 4-21 中箭头所指的 6 个紧固螺钉，拆下仪表板的中央饰板。

（18）从支承轴上撬出图 4-22 中箭头所示的空调出风口导流罩，并将其从前方拆下。

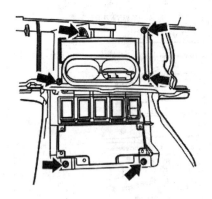

图 4-21　中央饰板紧固螺钉位置示意

图 4-22　出风口导流罩拆卸示意

（19）从出风口内旋出图 4-23 中的紧固螺钉 A。

（20）如图 4-24 所示，在 B 处压下卡舌，取出空调出风口饰板。

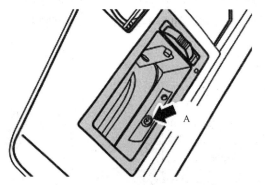

图 4-23　出风口饰板紧固螺钉位置示意

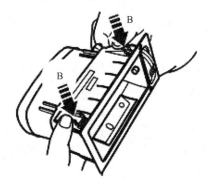

图 4-24　出风口饰板卡舌位置示意

（21）从仪表板背面旋出左饰板的 4 颗紧固螺钉，取下仪表板左饰板。

（22）从仪表板背面旋出右饰板的 6 颗紧固螺钉，拆下仪表板右饰板。

（23）装配顺序与拆卸顺序相反，但需注意以下几个方面：

① 如图 4-25 所示，将空调出风口导流罩上较长的支腿朝上向内推入。

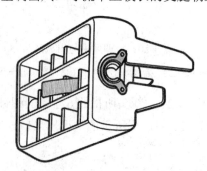

图 4-25　出风口导流罩结构示意

② 对于需要用密封垫圈进行密封的部位，在进行装配时需用双面胶固定好密封垫圈，以保证密封严紧。

## 4.2　车门的拆装

以左前门为例进行拆装。图 4-26 所示为车门把手和门锁总成装配简图，图 4-27 所示为车门内饰装配简图。

（1）旋下车门锁杆按钮。

（2）用一字旋具撬出车门内把手饰盖，旋出内把手的上紧固螺栓。

（3）撬出如图 4-28 所示中箭头所指的饰盖，旋出内把手的下紧固螺栓，卸下车门内把手。

（4）沿水平方向向前推动，拆下车门内把手饰框。

（5）旋出如图 4-29 所示中箭头所指的车门内饰板上的 6 个紧固螺栓，拆下车门内饰板。

（6）如图 4-30 所示，按箭头 A 所示断开电动后视镜调节开关的连接线束，按箭头 B 方向按下弹簧卡子，从内饰板内侧向外推出并拆下电动后视镜调节开关。

（7）如图 4-31 所示，断开箭头 A 所指的扬声器线束插头，卸下箭头 B 所指的三个固定螺钉，取下扬声器。

（8）用冲子将如图 4-32 所示车门边缘的内饰板侧支架和底部托架中心销向内敲入，取下侧支架和底部托架。

（9）拆下车门内把手下支架，从边缘撕开防水密封膜，并将其取下。

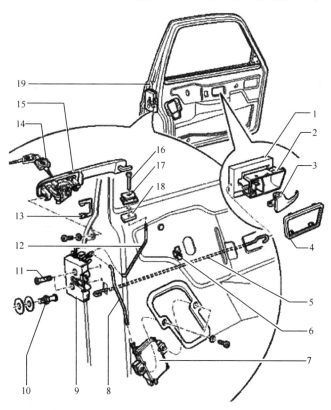

图 4-26　前车门把手和门锁总成

1—内扳手框架密封垫；2—内扳手支架；3—内扳手；4—内扳手饰框；5—横拉杆；6—锁拉杆夹箍；7—闭锁器；8—拉杆；
9—车门锁；10—车门柱；11—螺栓；12—车门安全杆；13—锁芯罩；14—钥匙；15—车门外把手总成；
16—车门锁杆按钮；17—按钮饰圈；18—按钮密封圈；19—车门

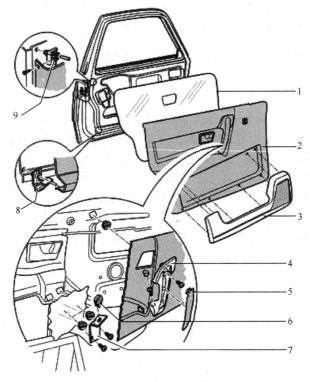

图 4-27　前车门内饰

1—防水密封膜；2—车门内饰板；3—车门储物箱；4—车门内把手；5—车门内把手饰盖；
6—固定夹头；7—车门把手下支架；8—车门内饰板底部托架；9—车门内饰板侧支架

图 4-28　车门内把手拆卸示意

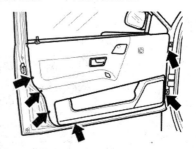

图 4-29　车门内饰板紧固螺栓位置示意

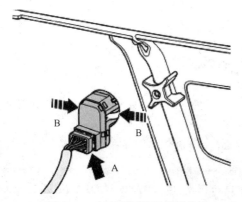

图 4-30　电动后视镜调节开关

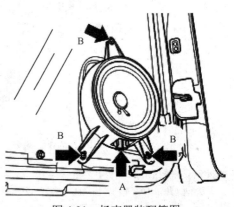

图 4-31　扬声器装配简图

（10）将门窗玻璃降至露出玻璃夹紧固螺栓（如图 4-33 所示的箭头所指），卸下玻璃夹紧固螺栓。

（11）将门窗玻璃完全降下，拆出门窗玻璃内、外密封条。

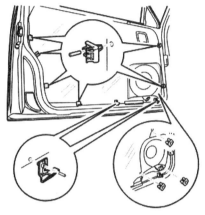

图 4-32　内饰板侧支架和底部托架装配简图

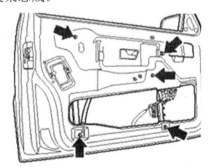

图 4-33　门窗玻璃位置示意

（12）如图 4-34 所示，抬高玻璃后侧，从导向槽中取出玻璃前侧，抬起门窗玻璃，从车门外侧取出。

（13）拔下玻璃升降机线束插头，旋出图 4-35 中箭头所指的玻璃升降机及支架总成与车门内板间的 5 个紧固螺钉，取下玻璃升降机及支架总成。

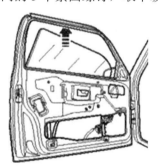

图 4-34　门窗玻璃拆卸示意

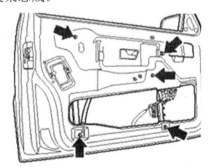

图 4-35　玻璃升降总成拆卸示意

（14）旋下图 4-36 中箭头所指的车门外把手紧固螺钉。

（15）按图 4-37 中箭头方向将外把手朝前推，并向外拉出车门外把手。

图 4-36　车门外把手紧固螺钉位置示意

图 4-37　车门外把手拆卸示意

（16）旋出图 4-38 中箭头所指的车门锁紧固螺钉。

（17）如图 4-39 所示，断开车门锁与塑料接头的连接。

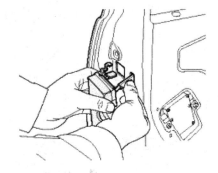

图 4-38　门锁紧固螺钉位置示意　　　　　　　图 4-39　门锁与塑料接头分离示意

（18）如图 4-40 所示，脱开门锁与内扳手横拉杆的连接，拆下车门锁。

（19）如图 4-41 所示，将车门内扳手按箭头 A 所示方向向前推，并按箭头 B 所示方向向外拉出车门内扳手与横拉杆。

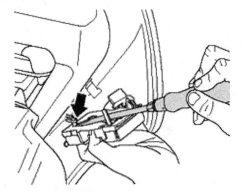
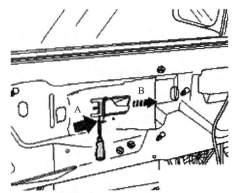

图 4-40　门锁与内扳手横拉杆分离示意　　　　　　图 4-41　内扳手拆卸示意

（20）拔下闭锁器线束插头，卸下图 4-42 中箭头所指闭锁器的两个紧固螺钉。

图 4-42　闭锁器拆卸示意

（21）取出闭锁器、塑料接头、拉杆与安全杆总成。

（22）如图 4-43 所示，撬下后视镜内饰板。

（23）旋下图 4-44 中箭头 A 所指的 3 个固定螺栓，断开箭头 B 所指的后视镜线束插头，取下后视镜。

（24）拆下车门限位器轴栓锁圈，拆下车门限位器轴栓（图 4-45）。

图 4-43　后视镜内饰板拆卸示意

图 4-44　后视镜拆卸示意

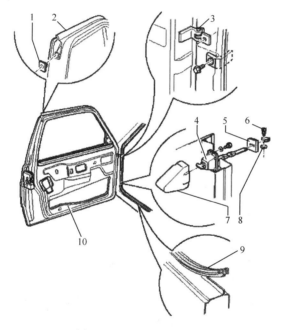

图 4-45　前车门拆卸简图

1—密封条端部夹头；2—前车门上部密封条；3—车门铰链；4—车门限位器总成；5—车门限位器密封垫；

6—车门限位器轴栓；7—车门限位器前盖；8—车门限位器轴栓锁圈；9—车门门框密封条；10—前车门总成

（25）在助手帮助下，旋出图 4-46 中箭头所指车门铰链螺栓，拆下车门。

图 4-46　车门铰链螺栓位置示意

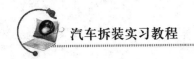

（26）装配顺序与拆卸顺序相反，需注意以下几个方面：

① 安装车门时，保证车门四周的密封性。

② 限位器轴栓垫圈拆卸后需更换。

③ 安装防水密封膜时请使用透明胶或不干胶做粘贴材料。

④ 门锁螺栓拧紧力矩为 20N·m。

⑤ 锁上车门，调整闭锁器直至将拉杆完全与门锁总成连接牢靠后，旋紧闭锁器上的两个紧固螺钉。

## 4.3  前后板制件的拆装

前后板制件主要包括前保险杠、后保险杠、发动机盖、翼子板、行李箱盖等。

### 4.3.1  前保险杠的拆装

汽车保险杠是吸收缓和外界冲击力、防护车身前后部的安全装置。保险杠主要包括保险杠罩、缓冲材料和横梁等，图 4-48 所示为前保险杠罩装配简图，图 4-49 所示为前保险杠横梁装配简图。

（1）掀开发动机盖，旋下如图 4-47 所示进气格栅的固定螺栓 3 和 4（各两个），松开卡脚 6，取下进气格栅。

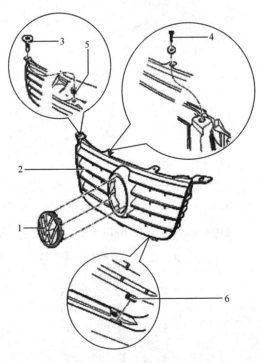

图 4-47  进气格栅

1—VW 标志；2—进气格栅；3—螺栓；4—带垫片螺栓；5—带螺纹的塑料卡子；6—卡脚

（2）旋下图 4-48 中的螺栓 3（5 个）和 5（3 个）。

（3）断开雾灯线束插头。

（4）旋下图 4-48 中前轮罩上的螺栓 1，使其与相配合的插片螺母 2 分离，左右共 8 对。

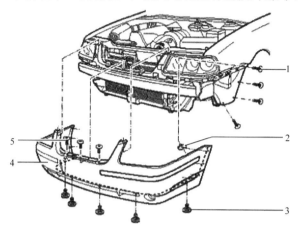

图 4-48　前保险杠罩

1—螺栓；2—插片螺母；3—螺栓；4—前保险杠罩；5—螺栓

（5）多人配合沿导向件方向向前推出前保险杠罩，使前保险杠罩与导向件分离。

（6）如图 4-49 所示，卸下固定条的紧固螺栓 8 和 9（共 6 个），取下固定条。

（7）如图 4-49 所示，旋下横梁紧固螺栓 3（左、右各 3 个），取下横梁。

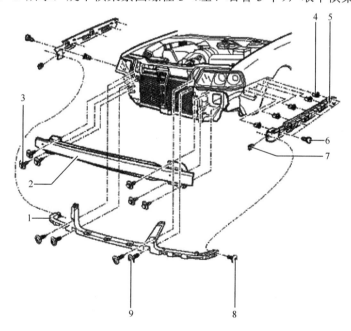

图 4-49　前保险杠横梁

1—固定条；2—横梁；3—螺栓；4—膨胀螺母；5—导向件；6—螺栓；7—插片螺母；8—螺栓；9—螺栓

（8）装配顺序与拆卸顺序相反，应注意以下几个方面。

① 横梁紧固螺栓的拧紧力矩为30N·m。

② 将前保险杠罩后端内侧卡座嵌入导向件卡座中，再向后推入。

### 4.3.2　后保险杠的拆装

在进行此部分拆装前，先拆除后轮。

（1）如图4-50所示，用一字旋具撬出饰盖4，旋出螺栓3。

（2）拆除挡泥板和挡泥板下方的饰板。

（3）如图4-50所示，旋出螺栓11（共4个）和螺钉13（左、右各4个）。

（4）用一字旋具撬出牌照灯总成，断开牌照灯线束插头。

（5）如图4-50所示，多人配合沿导向件方向向后推出后保险杠罩，使后保险杠罩与导向件分离。

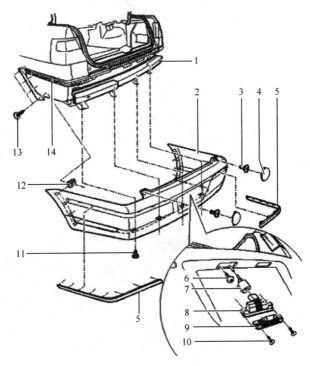

图 4-50　后保险杠罩

1—后保险杠横梁；2—后保险杠罩；3—螺栓；4—饰盖；5—后保险杠罩饰条；6—螺钉；7—插头；
8—牌照灯座；9—牌照灯；10—螺钉；11—螺栓；12—插片螺母；13—螺钉；14—导向件

（6）如图4-51所示，旋下固定条紧固螺钉10，取下固定条9。

（7）如图4-51所示，旋下后保险杠横梁紧固螺栓11，取下横梁。

（8）装配顺序与拆卸顺序相反，应注意以下两个方面：

① 横梁紧固螺栓的拧紧力矩为40N·m。

② 将后保险杠罩后端内侧卡座嵌入导向件卡座中，再向前推入。

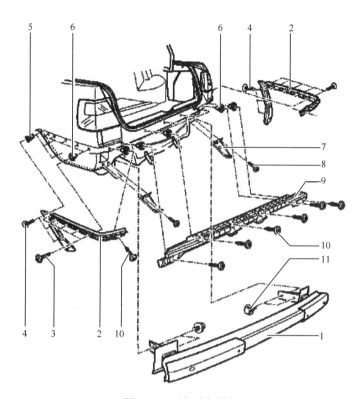

图 4-51　后保险杠横梁

1—横梁；2—导向件；3—螺栓；4—螺钉；5—膨胀螺母；
6—膨胀螺母；7—支架；8—螺栓；9—固定条；10—螺钉；11—螺栓

### 4.3.3　发动机盖的拆装

如图 4-52 所示，扳动车内驾驶人侧左下方的发动机盖拉索手柄 7，打开发动机盖锁 5，将发动机盖掀起，并用撑杆支撑固定。

（1）如图 4-53 所示，断开前风窗玻璃清洗器导管。

（2）断开发动机舱照明灯连接线。

（3）旋下铰链螺栓（左、右各 2 个）。

（4）取下发动机盖。

（5）安装顺序与拆卸顺序相反。但需对发动机盖的安装位置进行调整：

① 在左右前翼子板间移动发动机盖，使之均衡。

② 通过限位块调整发动机盖与翼子板之间的相对高度。

（6）在安装或调整后，必须在铰链和螺钉处采取防腐措施。

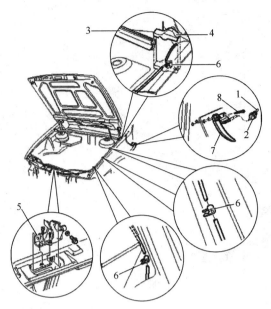

图 4-52　发动机盖锁和拉索

1—拉索；2—橡胶圈管；3—密封条；4—垫块；5—发动机盖锁；6—拉索夹；7—拉索手柄；8—紧固螺钉

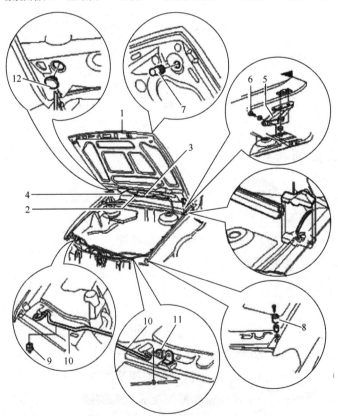

图 4-53　发动机盖简图

1—发动机盖；2—弹簧夹头；3—清洗器导管；4—喷嘴；5—铰链；6—铰链螺栓；
7—限位块；8—橡胶缓冲块；9—侧向限位块；10—撑杆；11—橡胶支承块；12—饰盖

## 4.3.4　翼子板的拆装

翼子板按照位置分为前翼子板和后翼子板，以桑塔纳 3000 汽车前翼子板为例进行拆装。

（1）拆下前车轮。

（2）拆卸前保险杠罩，参见本书"4.3.1 前保险杠的拆装"。

（3）如图 4-54 所示，旋出螺钉 2 和 5，用一字旋具加垫布小心地撬开防擦板和饰板支撑条之间的卡脚，撬下塑料螺母 6，旋下十字螺钉 3，取下防擦板。

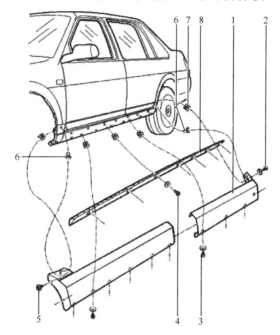

图 4-54　脚踏板防擦板

1—脚踏板防擦板；2—带垫片螺钉（2 个）；3—十字螺钉（9 个）；4—螺钉（7 个）；

5—带肩外六角螺钉（2 个）；6—塑料螺母（2 个）；7—膨胀螺母（20 个）；8—饰板支撑条

（4）如图 4-55 所示，旋下前轮罩紧固螺栓，取下前轮罩。

（5）如图 4-56 所示，旋下真空储气罐紧固螺栓，取下真空储气罐。

【注意】仅右侧翼子板内有真空储气罐。

（6）如图 4-57 所示，旋下翼子板周边的紧固螺钉。

（7）用暖风机给翼子板加热。

（8）撬出侧转向灯，分离灯座与灯罩。

（9）取下翼子板。

【注意】可在车身右侧观察活性炭罐和玻璃水箱。

（10）安装顺序与拆卸顺序相反。需注意以下两个方面：

① 安装前翼子板之前，必须在各固定点上涂以锌基物 AKL38103550。

② 在安装防擦板时，应更换双面胶，并将防擦板内侧的塑料螺母与相应的卡孔位置对齐，防擦板上的卡脚和饰板支撑条上的卡孔对齐。如塑料螺母损坏，必须更换。防擦板安

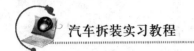

装完毕后，应保持与车门的平整。

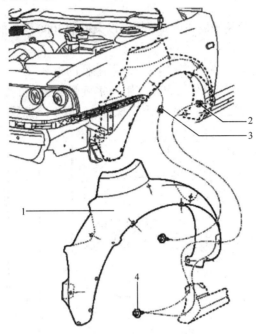

图 4-55　前轮罩

1—前轮罩；2—膨胀螺母（白色）；3—膨胀螺母（黑色）；4—带肩六角螺栓

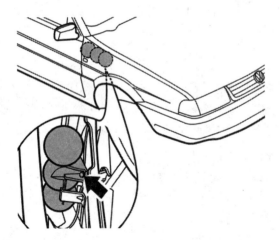

图 4-56　真空储气罐位置示意

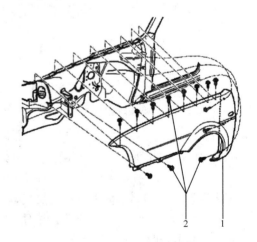

图 4-57　前翼子板装配简图

1—前翼子板；2—紧固螺钉

## 4.4　空调系统的拆装

桑塔纳 3000 汽车空调系统主要由空调压缩机、蒸发器、进风罩、新鲜空气风箱、储液干燥器、冷凝器及管路等组成，其布置如图 4-58 所示。拆卸空调系统前，打开发动机盖，利用冷媒回收与充注机将冷媒回收，将发动机冷却液放出，断开蓄电池接地线。

（1）断开蒸发器与压缩机的管路连接（S 管），旋下 S 管与车身壳体的固定螺栓，并将其取下。

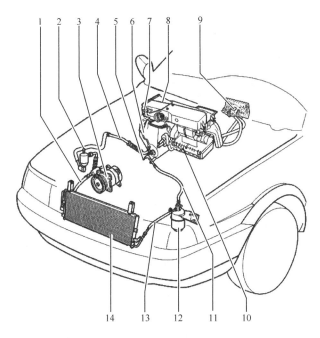

图 4-58　空调系统组成示意

1—D 管（压缩机至冷凝器管路）；2—低压维修接口；3—空调压缩机；4—S 管（蒸发器至压缩机管路）；5—高压维修接口；6—蒸发器；7—环境温度传感器；8—进风罩；9—空调调节装置；10—新鲜空气风箱；11—L 管（储液干燥器至蒸发器管路）；12—储液干燥器总成；13—C 管（冷凝器至储液干燥器管路）；14—冷凝器

【注意】封闭管口，防止异物侵入。

（2）断开压缩机与冷凝器的管路连接（D 管），并将其取下。

（3）拔下空调压缩机电磁离合器的线束插头，适当旋松空调压缩机下方、如图 4-59 所示的箭头 A 所指的两个与支架连接的螺栓。

（4）沿顺时针方向旋转图 4-60 中箭头 A 所指的皮带张紧臂位置调节螺栓，直至皮带放松，取下皮带。

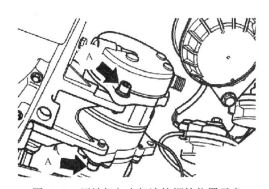

图 4-59　压缩机与支架连接螺栓位置示意

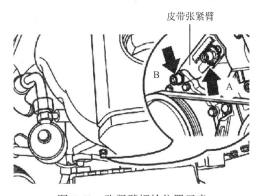

图 4-60　张紧臂螺栓位置示意

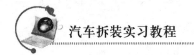

【注意】在拆卸空调压缩机皮带之前，必须做好运转记号。

（5）旋下压缩机与支架的连接螺栓，旋下图 4-60 中箭头 B 所指的螺栓，取下压缩机。

（6）旋下支架与缸体的固定螺栓，取下压缩机支架。

（7）断开冷凝器与储液干燥器的管路连接（C 管），将其取下。

（8）断开散热器冷却风扇的线束插头。

（9）断开散热器与进水管、出水管的连接，旋下紧固螺栓，取下散热器。

【注意】将进、出水管口用干净的棉纱塞住，勿在散热器上放重物或磕碰散热器。

（10）拆下前保险杠罩，参见本书"4.3.1 前保险杠的拆装"。

（11）旋下图 4-61 中箭头所指的冷凝器与其导向件的 4 个紧固螺栓，取下导向件。

（12）旋下冷凝器与车身壳体的两个紧固螺栓，抬下冷凝器。

（13）断开储液干燥器与蒸发器的管路连接（L 管），卸下 L 管与车身壳体的固定螺钉，并将其取下。

（14）拔下高低压开关（位于储液干燥器上）连接插头。

（15）旋下储液干燥器与车身壳体的两颗固定螺钉，取下储液干燥器。

（16）用一字旋具撬出图 4-62 箭头所指的弹簧夹片，小心揭开另一侧密封条，将挡水板拆下。

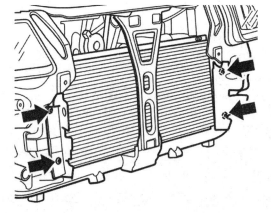

图 4-61　冷凝器导向件

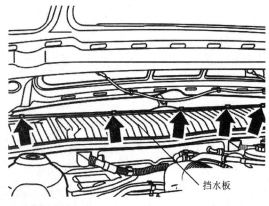

图 4-62　挡水板位置示意

（17）如图 4-63 所示，断开真空管 B，拔下环境温度传感器线束插头 A、鼓风机调速电阻线束插头 D，沿箭头 C 方向拆下进风罩过滤网。

（18）旋下图 4-64 中箭头所指的进风罩与蒸发器、新鲜空气风箱的 4 个紧固螺钉，取下进风罩。

（19）拆下副驾驶侧储物箱，参见本书"4.1 仪表板的拆装"。

（20）拆卸仪表板，参见本书"4.1 仪表板的拆装"。

（21）如图 4-65 所示，断开中央风道与新鲜空气风箱的连接。

（22）拆下蒸发器壳体与车身的两个连接螺栓，拔下感温管线束插头，取出蒸发器总成。

（23）旋出新鲜空气风箱与车身的两个固定螺栓，断开冷却系统与热交换器的进水管、出水管接头。

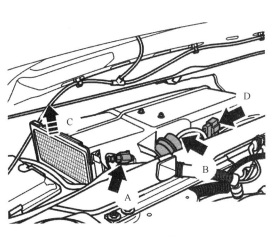

图 4-63　进风罩

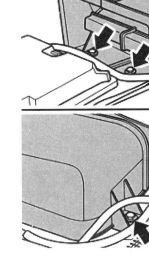

图 4-64　进风罩紧固螺栓位置示意

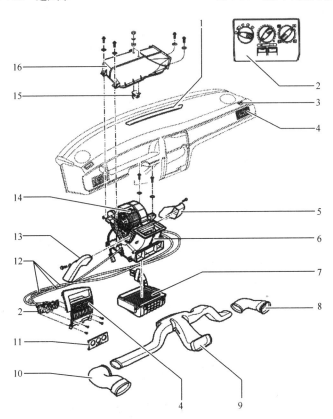

图 4-65　送风系统组成示意

1—除霜风口；2—空调调节装置；3—侧除霜口；4—出风口；5—右侧脚向出风口；6—新鲜空气风箱；7—热交换器；
8—右侧风道；9—中央风道；10—左侧风道；11—控制面板饰罩；12—通风拉索；13—左侧脚向出风口；14—鼓风机；
15—鼓风机调速电阻；16—进风罩

（24）拔下鼓风机电源插头，拆下安全气囊控制单元，参见本书"5.3 安全气囊系统的拆装"。

（25）拆下空调调节装置（参见本书"4.1 仪表板的拆装"），卸下新鲜空气风箱与热交换器。

（26）如图 4-66 所示的箭头，拆下固定空调调节拉索的弹簧夹片，分离调节装置与风箱。

（27）如图 4-67 所示，拆下风箱与热交换器之间的固定夹扣 A，沿箭头 B 方向分离风箱与热交换器。

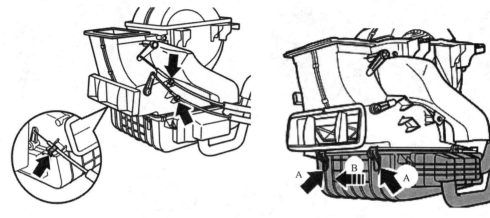

图 4-66　弹簧夹片位置示意　　　　　　图 4-67　风箱与热交换器

（28）装配顺序与拆卸顺序相反。需注意以下几个方面：

① 压缩机与支架的连接螺栓拧紧力矩为 40N·m，压缩机支架与缸体的连接螺栓拧紧力矩为 40N·m。

② 对于需用密封垫圈进行密封的部位，在进行装配时需用双面胶固定好密封垫圈，以保证密封严紧。

③ 安装压缩机时，必须使离合器带轮、发动机带轮的带槽对称面处在同一平面内，并保持传动带适当的张紧度。

### 4.4.1　空调压缩机的解体与组装

汽车空调压缩机是汽车空调制冷系统的心脏，起着压缩和输送制冷剂蒸气的作用。桑塔纳 3000 汽车空调压缩机和电磁离合器的组成，如图 4-68 所示。

（1）拆下离合器吸盘的固定螺栓 10，取下离合器吸盘。

（2）用卡簧钳将内部轴承的卡环取出。

（3）用三爪拉马将皮带盘卸下。

（4）用卡簧钳卸下挡圈，从支架上取出线束插头，取下电磁线圈。

（5）组装顺序与解体顺序相反。需注意以下两个方面：

① 挡圈和卡环要正确坐落在槽中。

② 如图 4-69 所示，需对电磁离合器间隙进行检查和调整。用深度卡尺分别测量电磁离合器在不通电和通电时皮带盘与离合器吸盘之间的平均距离（在不同位置测量 3 次的平

均值），二者之差即电磁离合器间隙，其尺寸范围是 0.4～0.78mm。在整个圆周范围内，间隙必须均匀，且在规定公差范围以内。如间隙超差，则卸下离合器吸盘，用增减垫片的方法调整间隙。

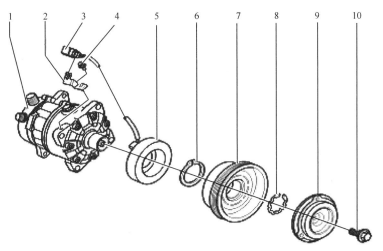

图 4-68　空调压缩机与电磁离合器组成简图

1—空调压缩机；2—插头固定支架；3—线束插头；4—螺栓；5—电磁线圈；
6—挡圈；7—皮带盘；8—卡环；9—离合器吸盘；10—固定螺栓

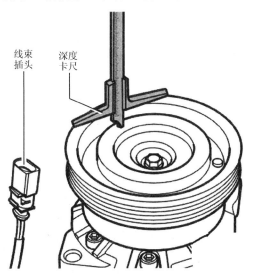

图 4-69　电磁离合器间隙测量示意

## 4.4.2　蒸发器的解体与组装

桑塔纳 3000 汽车空调蒸发器结构如图 4-70 所示，主要由蒸发器壳体、蒸发器芯、温度控制器、膨胀阀和高、低压管等组成。

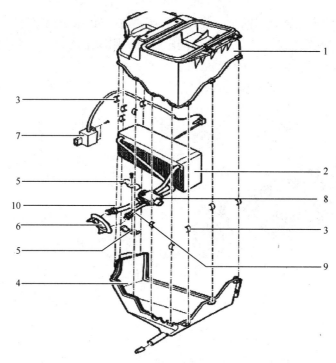

图 4-70  蒸发器结构

1—蒸发器上壳体；2—蒸发器芯；3—弹簧夹片；4—蒸发器下壳体；5—固定块；
6—双孔橡胶圈；7—蒸发器温度控制器；8—膨胀阀；9—高压管；10—低压管

（1）取下蒸发器的过滤网。

（2）取下连接上、下壳体的 10 个弹簧夹片。

（3）旋下蒸发器温度控制器的两个固定螺栓，取下温度控制器。

（4）分离蒸发器上、下壳体，取出蒸发器芯与膨胀阀总成。

（5）旋松取下膨胀阀的 4 个管路接头，取下膨胀阀（其结构如图 4-71 所示）。

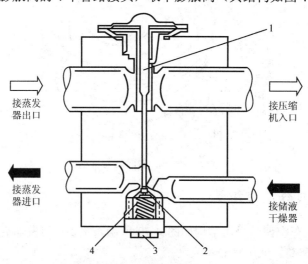

图 4-71  H 型膨胀阀结构示意

1—感温元件；2—球阀；3—调节螺栓；4—预紧弹簧

（6）组装顺序与解体顺序相反。需注意以下 3 个方面：

① 切勿将蒸发器温度控制器的感温管扭曲或折叠。

② 感温管的插入应按技术规范进行。如图 4-72 所示，通过支架插入感温管，插入位置 $a$＝150mm、$b$＝130mm；插入深度为 85mm。

③ 感温管应夹紧防止滑出。

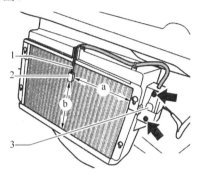

图 4-72　感温管安装位置示意

1—感温管导线；2—感温管支架；3—温度控制器

## 4.4.3　新鲜空气风箱的解体与组装

如图 4-73 所示，新鲜空气风箱主要由鼓风机、风箱盖板、风箱壳体等组成。

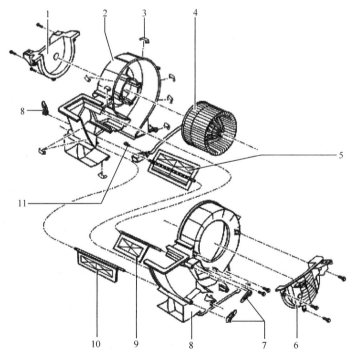

图 4-73　新鲜空气风箱结构

1—新鲜空气风箱左盖板；2—新鲜空气风箱左壳；3—弹簧夹片；4—鼓风机；5—暖风风门；6—新鲜空气风箱右盖板；
7—风门操纵臂；8—新鲜空气风箱右壳；9—除霜风门；10—中央出风口风门；11—插头固定夹

（1）旋出图 4-74 中箭头 A 所指的两个紧固螺栓，拆下左、右两侧脚向出风口。

（2）旋出图 4-74 中箭头 B 所指的紧固螺栓，拆下鼓风机插头。

（3）如图 4-75 所示，拆下插头固定夹，向鼓风机侧推入箭头 A 所指的橡胶块，旋下箭头 B 所指左盖板的 3 个固定螺栓，分离左盖板与鼓风机线束，取下左盖板。

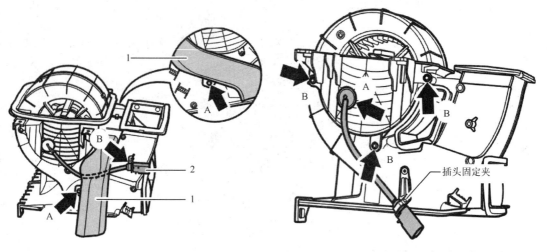

图 4-74　脚向出风口位置示意　　　　　　　　图 4-75　左盖板的拆卸

1—脚向出风口；2—鼓风机插头

（4）旋下右盖板的 3 个固定螺栓，取下右盖板。

（5）如图 4-76 所示，小心揭开密封条，旋下左、右壳间的两个紧固螺栓 B。

（6）用一字旋具撬下图 4-76 中箭头 A 所指的左、右壳间的 9 个弹簧夹片，拆开新鲜空气风箱左、右壳体。

（7）用一字旋具沿图 4-77 中箭头 A 所示方向按压箭头 B 所指的 4 个卡舌，取下鼓风机。

（8）组装顺序与解体顺序相反。

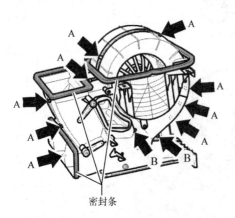

密封条

图 4-76　风箱左右壳体的拆卸　　　　　　　　图 4-77　鼓风机的拆卸

## 4.5　座椅的拆装

### 4.5.1　前座椅的拆装

前座椅的结构如图 4-78 所示。

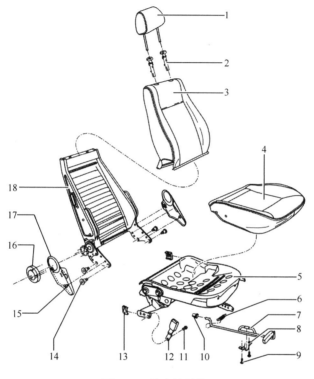

图 4-78　前座椅结构

1—头枕总成；2—导管；3—靠背；4—坐垫；5—坐垫骨架；6—调节弹簧；7—操纵杆；8—定位夹；9—螺钉；10—轴套；
11—安全带锁扣紧固螺栓；12—安全带锁扣；13—座椅滑动衬块；14—前座椅连接螺栓；15—靠背调节器饰板定位销；
16—靠背调节器旋钮；17—靠背调节器饰板；18—前座椅靠背骨架

（1）将座椅前移。

（2）将座椅内侧导轨护罩盖从内侧导轨中沿图 4-79 中箭头方向拉出。

（3）拆下内侧导轨护罩盖。

（4）将座椅外侧导轨护罩盖从外侧导轨中沿图 4-80 中箭头方向拉出。

（5）拆下外侧导轨护罩盖。

（6）将座椅向后移动到极限位置。

（7）旋出图 4-81 中箭头所指的座椅中部下方的限位螺栓。

（8）将座椅从导轨后方移出。

（9）拆下安全带锁扣。

（10）如图 4-82 所示，用一字旋具撬下靠背角度调节旋钮。

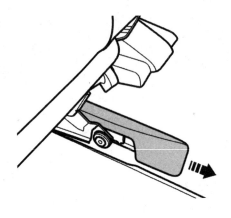

图 4-79　内侧导轨护罩盖的拆卸

图 4-80　外侧导轨护罩盖的拆卸

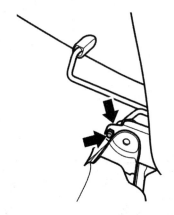

图 4-81　座椅限位螺栓位置示意

图 4-82　靠背角度调节旋钮位置示意

（11）如图 4-83 所示，撬下靠背两侧的调节器饰板。

（12）旋出图 4-84 中箭头所指的两个连接螺栓。

（13）用同样的方法拆下另一侧的两个连接螺栓，分离靠背和坐垫。

（14）按压图 4-85 中箭头所指的按钮，将头枕向上垂直拔出。

（15）按图 4-86 中箭头 1 将导管旋转 90°，按箭头 2 方向向上拔出导管。

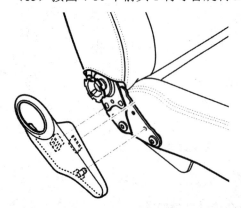

图 4-83　调节器饰板位置示意

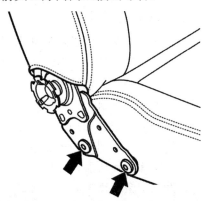

图 4-84　座椅连接螺栓位置示意

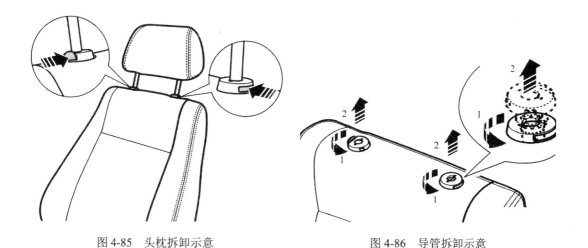

图 4-85　头枕拆卸示意　　　　　　图 4-86　导管拆卸示意

（16）装配顺序与拆卸顺序相反。需注意：安装安全带锁扣时，应将图 4-87 中箭头所指锁扣柄上的开口对准座椅上的凸起。

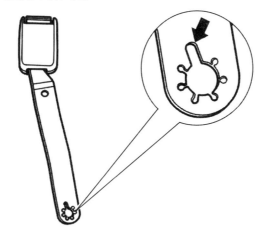

图 4-87　锁扣柄开口示意

## 4.5.2　后座椅的拆装

后座椅的结构如图 4-88 所示。

（1）如图 4-89 所示中的箭头，用力将坐垫向后推的同时向上抬，以松开坐垫与车身之间的卡脚，卸下坐垫。

（2）将头枕导管按图 4-90 中箭头方向旋转 90°，向上拔出头枕。

（3）拔出头枕导管。

（4）将图 4-91 中箭头 A 所指的卡钩按箭头 B 方向扳直。

（5）向外扳动靠背脱开下部卡钩，然后向上托动靠背并将其拆下。

（6）装配顺序与拆卸顺序相反。

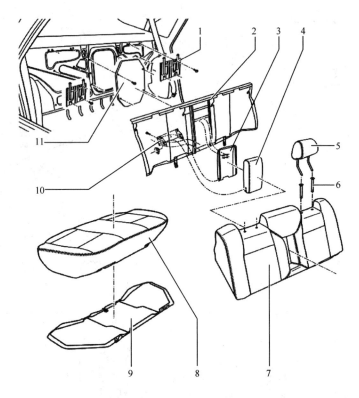

图 4-88　后座椅结构简图

1—头枕支架；2—靠背骨架；3—中间扶手托架；4—中间扶手；5—头枕；6—导管；
7—靠背；8—坐垫；9—坐垫骨架；10—中间扶手转轴支架；11—车身后隔板饰板

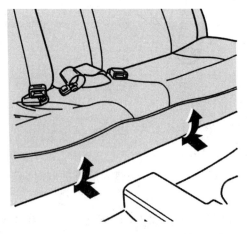

图 4-89　坐垫拆卸示意

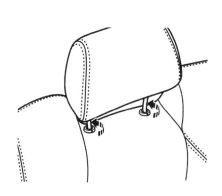

图 4-90  头枕拆卸示意

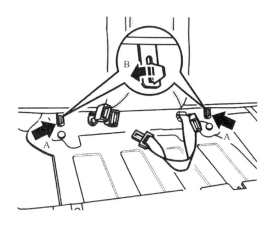

图 4-91  靠背下部卡钩位置示意

## 4.6  安全带的拆装

以副驾驶侧安全带为例进行拆装，其组成如图 4-92 所示，主要包括安全带扣、安全带内饰盖、张紧器、安全带锁扣等。

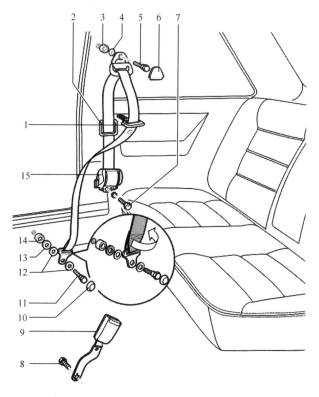

图 4-92  副驾驶侧安全带组成简图

1—安全带扣；2—安全带内饰盖；3—支撑环；4—安全带紧固垫片；5—安全带上支点螺栓；6—安全带上支点装饰盖；
7—张紧器螺栓；8—安全带锁扣螺栓；9—安全带锁扣；10—安全带下支点饰盖；
11—安全带下支点螺栓；12—安全带紧固垫片；13—间隔轮；14—支撑环；15—张紧器

（1）拆下安全带上、下支点紧固螺栓装饰盖。

（2）旋出安全带上、下支点紧固螺栓。

（3）旋下 B 柱内饰板的 3 个紧固螺钉，拉出 B 柱内饰板。

（4）拆下 B 柱上的安全带内饰盖，将安全带从 B 柱内饰板的安全带孔中穿出。

（5）取下 B 柱内饰板。

（6）旋出安全带张紧器紧固螺栓。

（7）拆下安全带。

（8）松开安全带锁扣的紧固螺栓，取下安全带锁扣。

（9）装配顺序与拆卸顺序相反，需注意以下两个方面：

① 安装时将安全带端部逆时针旋转 180°。

② 所有螺栓拧紧力矩均为 40N·m。

# 第5章 电气设备的拆装

本章以桑塔纳 3000 汽车为例进行电气设备的拆装。在对此部分拆卸前，应关闭点火开关，断开蓄电池搭铁线，以确保系统断电。

## 5.1 照明、信号及显示系统的拆装

### 5.1.1 组合大灯的拆装

桑塔纳 3000 组合大灯主要包括远光灯、近光灯、转向灯、小灯等，其组成如图 5-1 所示。

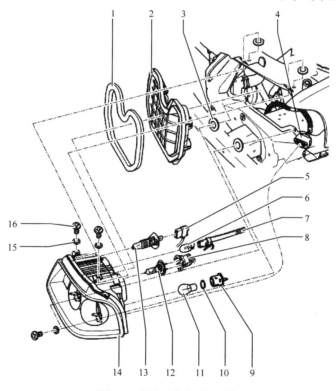

图 5-1　组合大灯组成示意

1—密封圈；2—大灯后盖；3—垫圈；4—大灯线束插头；5—远光灯插头；6—小灯灯泡；7—小灯灯座；8—近光灯插头；
9—转向灯灯座；10—垫圈；11—转向灯灯泡；12—近光灯灯泡；13—远光灯灯泡；14—大灯壳体；15—垫圈；16—螺栓

组合大灯的拆装步骤如下。

（1）断开组合大灯的线束插头。

（2）拆卸前保险杠罩及固定条，参见本书"4.3.1 前保险杠的拆装"。

（3）拆卸图 5-2 中箭头所指大灯上的 4 个紧固螺栓。

（4）取下大灯总成。

（5）按图 5-3 中箭头方向转动转向灯灯座，使其从反射罩中松开，连同灯泡取出转向灯灯座。

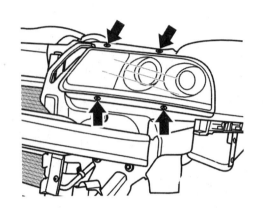

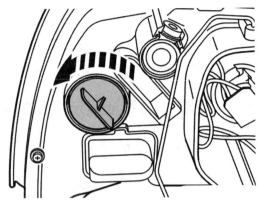

图 5-2　组合大灯紧固螺栓位置示意　　　　　　图 5-3　转向灯拆卸示意

（6）略微按下转向灯灯泡并逆时针转动，将其从灯座上取下。

（7）按图 5-4 中箭头方向松开大灯后盖的紧固弹簧，拆卸大灯后盖。

（8）松开远光灯的线束插头，按图 5-5 中箭头所示的步骤松开远光灯灯座压簧并翻到一边，从大灯反射罩中取出远光灯灯泡。

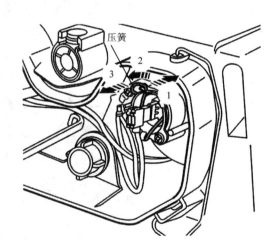

图 5-4　大灯后盖拆卸示意　　　　　　　　图 5-5　远光灯灯座压簧拆卸示意

（9）松开近光灯的线束插头，用与拆卸远光灯灯座压簧相同的方法松开近光灯灯座压簧，从大灯反射罩中取出近光灯灯泡。

（10）按图 5-6 中箭头方向拉出小灯灯座上的塑料条，将灯座连同灯泡一起拉出。

（11）从小灯灯座上拔下小灯灯泡。

（12）装配顺序与拆卸顺序相反。需注意以下两个方面：

① 安装灯泡时手不要触摸灯泡。手指在玻璃灯泡上留下的油腻痕迹会在打开灯光时雾

化，使玻璃灯泡模糊。

②　安装组合大灯后，使用前照灯检测仪按照技术要求通过旋转图 5-7 中箭头所指的调整旋钮进行照射位置调整。左、右大灯的调整方法相同。

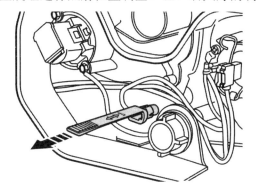

图 5-6　小灯拆卸示意

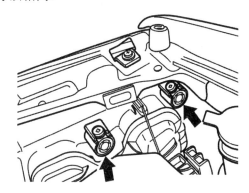

图 5-7　大灯调整旋钮位置示意

## 5.1.2　前雾灯的拆装

前雾灯的组成如图 5-8 所示。

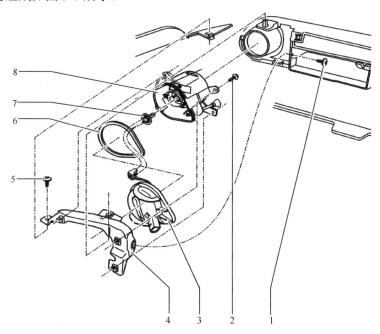

图 5-8　前雾灯组成示意

1—支架固定螺钉；2—雾灯固定螺钉；3—前雾灯后盖；4—支架；5—支架固定螺钉；6—密封圈；7—灯泡；8—雾灯灯罩

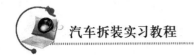

前雾灯的拆装步骤如下。

（1）拔下图 5-9 中箭头所指雾灯后盖上的线束插头。

（2）如图 5-10 所示，拆下箭头 A 所指雾灯罩盖的固定螺栓，在箭头 B 位置用一字旋具撬出雾灯罩盖。

（3）松开雾灯支架与前保险杠罩的 3 个固定螺栓。

（4）取下雾灯与雾灯支架总成。

（5）松开雾灯与雾灯支架的 3 个固定螺栓，取下雾灯。

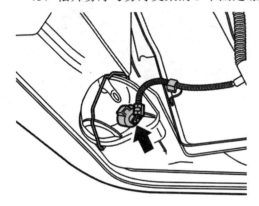

图 5-9　雾灯线束插头位置示意

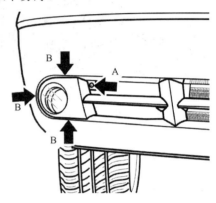

图 5-10　雾灯罩盖拆卸示意

（6）按图 5-11 中箭头 A 所示方向扳动雾灯后盖紧固弹簧，取下雾灯后盖。

（7）如图 5-12 所示，松开雾灯灯泡的线束插头，按箭头所示步骤扳动雾灯灯座压簧，取下雾灯灯泡。

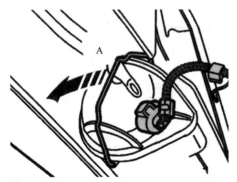

图 5-11　雾灯后盖拆卸示意

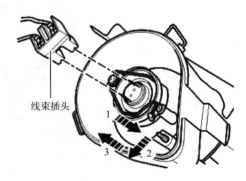

图 5-12　雾灯灯泡拆卸示意

（8）装配顺序与拆卸顺序相反。需注意以下两个方面：

① 安装灯泡时手不要触摸灯泡。手指在玻璃灯泡上留下的油腻痕迹会在打开灯光时雾化，使玻璃灯泡模糊。

② 安装雾灯总成后，用十字旋具转动图 5-13 中箭头所指的调整螺栓，调整雾灯照射位置。

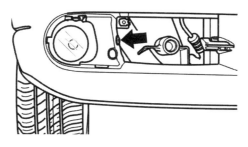

图 5-13　雾灯调整螺栓位置示意

### 5.1.3　侧面转向灯的拆装

侧面转向灯组成如图 5-14 所示。

（1）如图 5-15 所示，在一字旋具内侧垫一层软布，轻轻撬下侧面转向灯。

（2）将灯罩与灯座分离，从灯座上拧下灯泡。

（3）装配顺序与拆卸顺序相反。

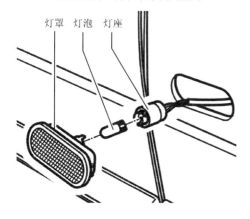

图 5-14　侧面转向灯组成示意

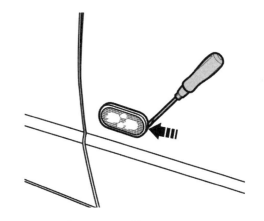

图 5-15　侧面转向灯拆卸示意

### 5.1.4　后平灯的拆装

后灯由后平灯和后弯灯组成，其位置如图 5-16 所示。

后平灯的拆装步骤如下。

（1）打开后备箱盖，旋下车身后围饰板的 5 个固定螺母，卸下车身后围饰板。

（2）旋下左、右后平灯的固定螺母，按图 5-17 中箭头 A 所示方向按下插头的卡舌，拔下插头。

（3）取下左、右后平灯。

（4）按图 5-17 中箭头 B 所示方向按下灯座的卡舌，取出灯座和灯泡总成。

（5）略微按下灯泡并逆时针方向转动，卸下雾灯灯泡（仅左侧有）、倒车灯灯泡。

（6）装配顺序与拆卸顺序相反。

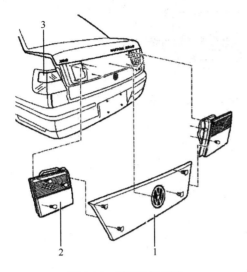

图 5-16　后灯位置示意

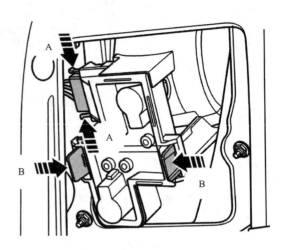

图 5-17　后平灯拆卸示意

1—车身后围饰板；2—左后平灯；3—左后弯灯

### 5.1.5　后弯灯的拆装

桑塔纳 3000 后弯灯组成如图 5-18 所示。

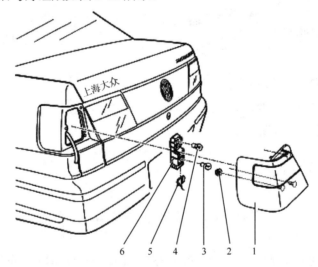

图 5-18　后弯灯组成示意

1—灯罩；2—固定螺母；3—后转向灯灯泡；4—制动/尾灯灯泡；5—插头；6—灯座

后弯灯的拆装步骤如下。

（1）打开后备箱盖，旋下后弯灯的 3 个固定螺母。

（2）按压图 5-19 中箭头 A 所示的后弯灯线束插头两侧的卡舌，从灯座上拔下线束插头。

（3）取下左、右后弯灯。

（4）按图 5-19 中箭头 B 所示方向按下灯座的卡舌，取出灯座和灯泡总成。

（5）略微按下灯泡并逆时针方向转动，拆卸制动/尾灯灯泡、转向灯灯泡。

（6）装配顺序与拆卸顺序相反。

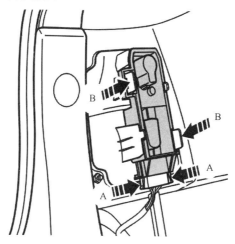

图 5-19　后弯灯拆卸示意

### 5.1.6　牌照灯的拆装

桑塔纳 3000 牌照灯组成如图 5-20 所示。

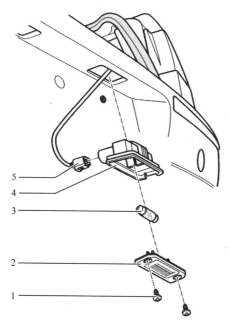

图 5-20　牌照灯组成示意

1—固定螺钉；2—灯罩；3—灯泡；4—灯座；5—线束插头

牌照灯的拆装步骤如下。

（1）旋出图 5-21 中箭头所指的牌照灯灯罩的固定螺钉。

（2）取下牌照灯灯罩，撬出灯泡与灯座。

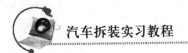 

（3）拔下图 5-22 中箭头所指的牌照灯线束插头。

（4）将灯泡与灯座分离。

（5）装配顺序与拆卸顺序相反。

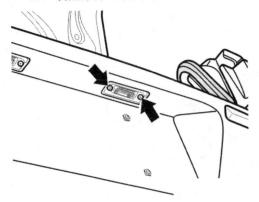

图 5-21　牌照灯灯罩固定螺钉位置示意

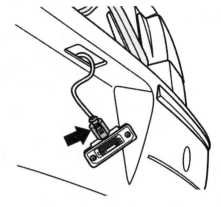

图 5-22　牌照灯线束插头位置示意

### 5.1.7　高位制动灯的拆装

桑塔纳 3000 高位制动灯的组成如图 5-23 所示。

高位制动灯的拆装步骤如下。

（1）如图 5-24 所示，撬出固定夹头，取下车顶内饰后压条。

（2）断开高位制动灯线束插头。

（3）旋出固定螺钉，取下高位制动灯。

（4）装配顺序与拆卸顺序相反。

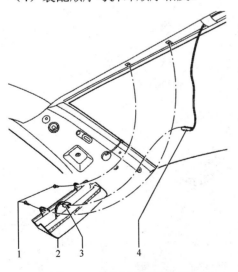

图 5-23　高位制动灯的组成

1—固定螺钉；2—高位制动灯总成；3—高位制动灯插头；
4—高位制动灯线束插头

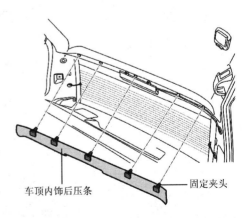

图 5-24　车顶内饰后压条装配简图

## 5.1.8　前阅读灯的拆装

桑塔纳 3000 前阅读灯组成如图 5-25 所示。

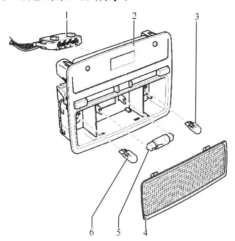

图 5-25　前阅读灯组成示意

1—线束插头；2—前阅读灯灯座；3—右阅读灯灯泡；4—灯罩；5—中间阅读灯灯泡；6—左阅读灯灯泡

前阅读灯的拆装步骤如下。

（1）用一字旋具在图 5-26 中箭头所指位置撬出前阅读灯总成。

（2）断开前阅读灯的线束插头，取下前阅读灯总成。

（3）按如图 5-27 所示箭头方向松开灯罩卡舌，取下灯罩。

（4）从灯座上取下左、中、右阅读灯灯泡。

（5）装配顺序与拆卸顺序相反。

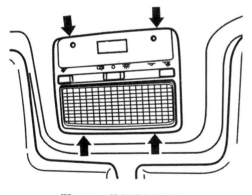

图 5-26　前阅读灯的拆卸

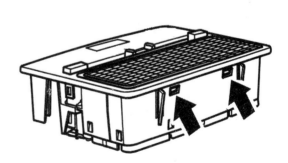

图 5-27　前阅读灯灯罩的拆卸

## 5.1.9　后阅读灯的拆装

桑塔纳 3000 后阅读灯组成如图 5-28 所示。

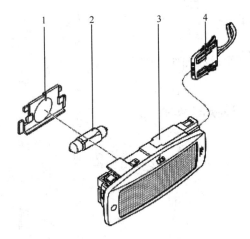

图 5-28　后阅读灯组成示意

1—后阅读灯后盖；2—灯泡；3—后阅读灯座；4—线束插头

后阅读灯的拆装步骤如下。

（1）用一字旋具在图 5-29 中箭头所指位置撬出后阅读灯总成。

（2）拔掉后阅读灯的线束插头，取下后阅读灯。

（3）按图 5-30 中箭头方向拉出后阅读灯后盖。

（4）取下后阅读灯灯泡。

（5）装配顺序与拆卸顺序相反。

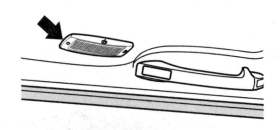

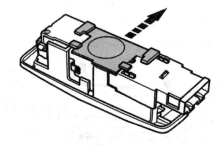

图 5-29　后阅读灯的拆卸　　　　图 5-30　后阅读灯后盖拆卸示意

## 5.1.10　化妆镜照明灯的拆装

化妆镜照明灯的拆装步骤如下。

（1）旋下图 5-31 中箭头所指的右遮阳板的 3 个固定螺钉。

（2）断开图 5-32 中箭头所指化妆镜照明灯的线束插头。

（3）取下右遮阳板。

（4）掀起化妆镜饰盖，撬出化妆镜照明灯的灯罩，取出灯泡。

（5）装配顺序与拆卸顺序相反。

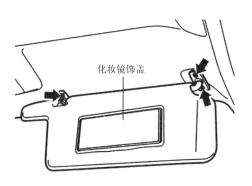

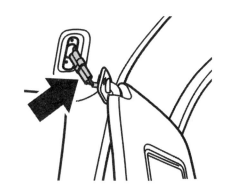

图 5-31　右遮阳板固定螺钉位置示意　　　　图 5-32　化妆镜照明灯线束插头位置示意

### 5.1.11　行李厢照明灯的拆装

行李厢照明灯的拆装步骤如下。

（1）用一字旋具撬出行李厢照明灯总成。

（2）如图 5-33 所示，断开箭头 A 所指的行李厢照明灯线束插头，拆下箭头 B 所指的灯泡。

（3）装配顺序与拆卸顺序相反。

### 5.1.12　组合仪表的拆装

组合仪表的拆装步骤如下。

（1）如图 5-34 所示，向外撬出组合仪表饰板。

（2）旋出图 5-35 中箭头所指的两个紧固螺钉，并拉出组合仪表。

（3）按图 5-36 中箭头所示，按下组合仪表背面线束连接插头上的卡舌，并向右拨动拨杆至极限位置，拔下线束插头。

（4）取出组合仪表。

（5）安装顺序与拆卸顺序相反。

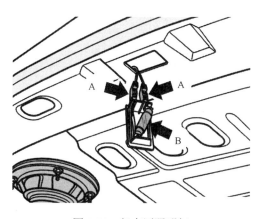

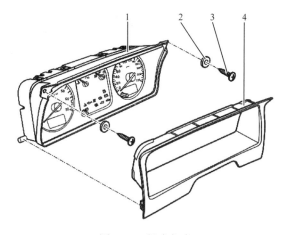

图 5-33　行李厢照明灯　　　　　　　　　　图 5-34　组合仪表

1—组合仪表；2—垫圈；3—螺钉；4—组合仪表饰板

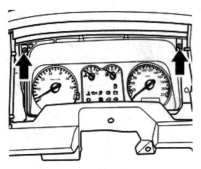

图 5-35　组合仪表紧固螺钉位置示意

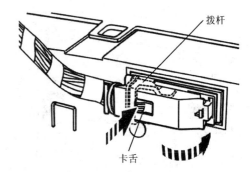

图 5-36　组合仪表线束插头拆卸示意

## 5.2　附属装置的拆装

### 5.2.1　风窗玻璃刮水器的拆装

如图 5-37 所示，风窗玻璃刮水器主要由雨刮器摇臂、雨刮橡皮条、雨刮器电动机、连杆和支座等组成。拆卸雨刮器摇臂之前，要确保雨刮器电动机处于起始位置。只有这样，在安装时才能调整雨刮器摇臂的极限位置。

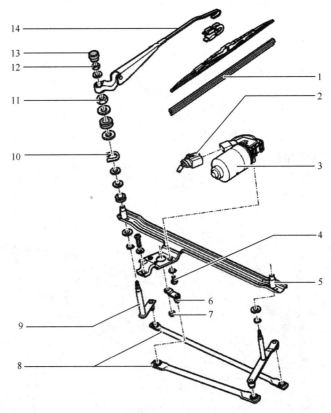

图 5-37　风窗玻璃刮水器组成示意

1—雨刮橡皮条；2—线束插头；3—雨刮器电动机；4—螺栓；5—支座；6—电动机连杆；7—螺母；8—连杆（球面用油脂润滑）；9—连杆支架；10—垫圈；11—螺母（2N·m）；12—螺母（6N·m）；13—罩盖；14—雨刮器摇臂

（1）断开蓄电池接地线。

（2）用一字旋具撬开图 5-38 中箭头所指的雨刮器摇臂轴上的罩盖。

（3）旋下图 5-39 中箭头所指的雨刮器摇臂紧固螺母，取下雨刮器摇臂。

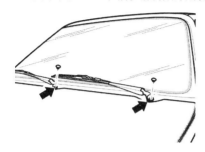

图 5-38　摇臂轴罩盖位置示意

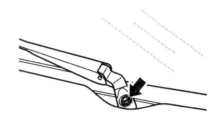

图 5-39　雨刮器摇臂紧固螺母位置示意

（4）掀起发动机盖，用一字旋具撬出图 5-40 中箭头所指的弹簧夹片，小心揭开另一侧密封条，将挡水板拆下。

（5）拔出图 5-41 中箭头 A 所指的雨刮器电机线束插头。

（6）旋出图 5-41 中箭头 B 所指的 3 个固定螺栓，取下雨刮器电动机及连杆总成。

（7）装配顺序与拆卸顺序相反。但需注意以下两个方面：

① 将雨刮器电动机转到起始位置。

② 装上电动机连杆，将其调整到图 5-42 中箭头所示的位置，以仍能看见管内螺纹为限。

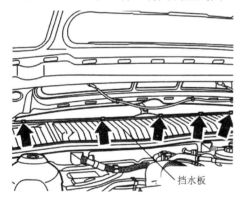

图 5-40　挡水板位置示意

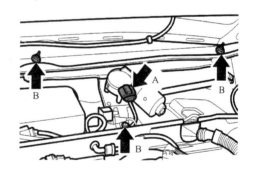

图 5-41　雨刮器电动机及连杆总成位置示意

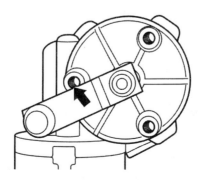

图 5-42　电动机连杆调整示意

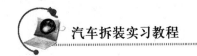

### 5.2.2 风窗玻璃洗涤器的拆装

如图 5-43 所示，风窗玻璃洗涤器主要由喷嘴、软管、风窗洗涤储液罐、风窗洗涤泵等组成。

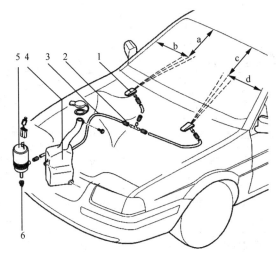

图 5-43　风窗玻璃洗涤器组成示意

1—喷嘴；2—软管接头；3—软管；4—风窗洗涤储液罐；5—风窗洗涤泵；6—密封套

风窗玻璃洗涤器的拆装步骤如下。

（1）拆卸前保险杠罩，参见本书"4.3.1 前保险杠的拆装"。

（2）断开图 5-44 中箭头 A 所指的风窗洗涤泵的线束插头，将风窗洗涤泵向上拉出，断开风窗洗涤泵与密封套的连接，用容器收集流出的玻璃水。

（3）断开风窗洗涤泵与软管的连接，取下风窗洗涤泵。

（4）松开图 5-44 中箭头 B 所指的固定风窗洗涤储液罐的 3 个螺栓，取下风窗洗涤储液罐。

图 5-44　风窗洗涤储液罐位置示意

（5）脱开喷嘴与软管的连接，从发动机盖上用一字旋具撬出喷嘴。

（6）装配顺序与拆卸顺序相反，但需注意调整喷嘴的喷射位置，如图 5-43 所示，$a=$ 435mm、$b=$450mm、$c=$435mm、$d=$320mm。

## 5.2.3　收放机的拆装

（1）将专用工具插入图 5-45 中箭头所指的收放机两边的孔中，向外拉出收放机。

图 5-45　收放机拆卸示意

（2）拔下收放机背后的天线、扬声器插头及电源插头。

（3）取出收放机。

（4）安装顺序与拆卸顺序相反。

## 5.2.4　前高音扬声器的拆装

前高音扬声器组成如图 5-46 所示。

前高音扬声器的拆装步骤如下。

（1）从仪表板底部用旋具松开图 5-47 中箭头所指的扬声器防护盖与仪表板的四个卡舌，从仪表板上取下扬声器防护盖。

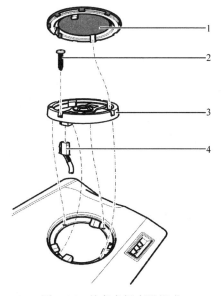

图 5-46　前高音扬声器组成

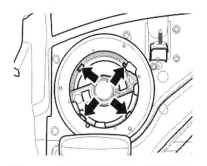

图 5-47　扬声器防护盖卡舌位置示意

1—扬声器防护盖；2—螺栓；3—扬声器；4—导线

（2）拆卸扬声器的四个紧固螺栓。

（3）取出高音扬声器。

（4）安装顺序与拆卸顺序相反。

### 5.2.5　电动后视镜的拆装

电动后视镜组成如图 5-48 所示。

（1）拆下电动后视镜，参见本书"4.2 车门的拆装"。

（2）如图 5-49 所示，用一字旋具插入后视镜下部饰板的安装孔，撬动里面的弹簧卡子，按箭头方向垂直向上将后视镜罩盖拔出。

（3）按图 5-50 中箭头 A 所示的方向松开固定饰框的卡舌，再沿箭头 B 方向拉出后视镜玻璃饰框。

（4）旋出图 5-51 中箭头所指的后视镜下部饰板的两个紧固螺钉，拆下后视镜下部饰板。

（5）松开图 5-52 中箭头所指的卡舌，拆下后视镜玻璃。

（6）装配顺序与拆卸顺序相反。

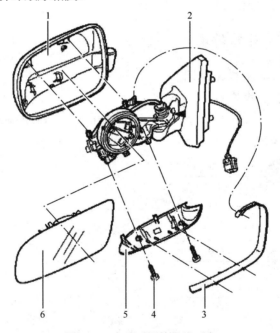

图 5-48　电动后视镜组成示意

1—后视镜罩盖；2—后视镜总成；3—后视镜饰框；4—螺钉；5—后视镜下部饰板；6—后视镜玻璃

图 5-49　后视镜罩盖拆卸示意

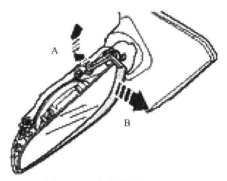

图 5-50　玻璃饰框拆卸示意

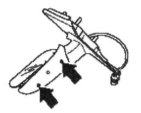

图 5-51　后视镜下部饰板紧固螺钉位置示意

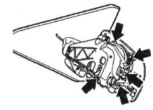

图 5-52　后视镜玻璃卡舌位置示意

## 5.3　安全气囊系统的拆装

安全气囊系统的拆装步骤如下。

（1）断开蓄电池接地线。

（2）如图 5-53 所示，将转向盘转到合适位置，将一字旋具从转向盘后部孔中插入，按箭头方向拨动一字旋具，使安全气囊凸耳从弹簧夹上弹出。

（3）转动转向盘，用同样的方法脱开另一凸耳。

（4）将转向盘回正，断开图 5-54 中箭头所指的气体发生器线束插头，取下安全气囊总成。

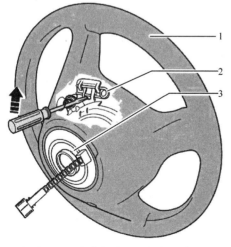

图 5-53　安全气囊凸耳拆卸示意图

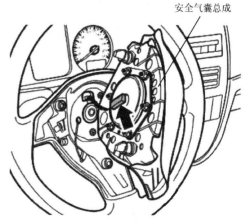

图 5-54　气体发生器线束插头位置示意

1—转向盘；2—弹簧夹；3—螺旋线圈

（5）旋下图 5-55 中箭头所指的转向轴下饰盖的 3 个螺钉，拆下下饰盖。

（6）如图 5-56 所示，断开螺旋线圈插头连接，松开转向盘紧固螺母，拆下转向盘。

【注意】取下转向盘后，不要转动螺旋线圈线束的位置。

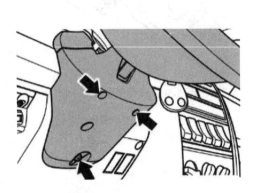

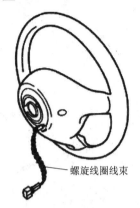

螺旋线圈线束

图 5-55 转向轴下饰盖紧固螺钉位置示意　　　　　图 5-56　螺旋线圈线束位置示意

（7）旋下图 5-57 中箭头 A 所指的 3 个固定螺栓，断开箭头 B 所示的喇叭插头，取出螺旋线圈。

（8）旋下安全气囊总成背面的 6 个紧固螺栓，取下气体发生器。

（9）拆下中央通道前饰罩，参见本书"4.1 仪表板的拆装"。

（10）如图 5-58 所示，松开安全气囊控制单元的 3 个固定螺栓，沿箭头 A 方向按下卡舌，再沿箭头 B 方向转动钩环，断开连接线，取下安全气囊控制单元。

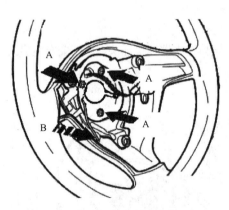

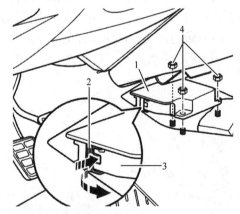

图 5-57　螺旋线圈的拆卸　　　　　　　　图 5-58　安全气囊控制单元

1—安全气囊控制单元；2—钩环；3—连接插头；4—螺母

（11）安装顺序与拆卸顺序相反。但需注意以下事项。

① 螺旋线圈的安装位置。

② 转向盘紧固螺母的拧紧力矩为 40N·m。

## 5.4　发电机的拆装

桑塔纳 3000 汽车发电机主要由皮带轮、转子、定子、整流器、调节器总成、防尘罩和前、后端盖组成，其组成如图 5-59 所示。

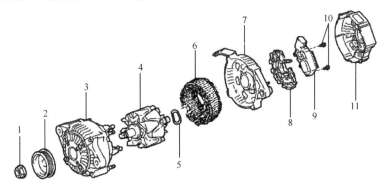

图 5-59　发电机组成

1—锁紧螺母；2—皮带轮；3—前端盖；4—转子；5—垫圈；6—定子；
7—后端盖；8—整流器；9—调节器总成；10—螺栓；11—防尘罩

发电机的拆装步骤如下。

（1）将发电机固定于台虎钳上。

（2）用专用工具将皮带轮锁紧螺母拆下，取下发电机皮带轮。

（3）旋下防尘罩与后端盖的连接螺栓，取下防尘罩。

（4）旋下调节器总成的固定螺栓，取下调节器总成。

（5）用电烙铁焊开整流器与定子绕组的连接点，并在各点连接处做上标记。

（6）旋下整流器的固定螺栓，取下整流器。

【注意】

① 取下整流器时，千万不可将二极管正整流板与负整流板间的绝缘块遗失或损坏，以保证装配时能顺利进行。

② 电烙铁焊开整流器与定子绕组的连接点时，要保证分离后才进行拆卸整流器板，不可硬拆。

（7）旋下发电机前、后端盖的连接螺栓并在两者连接处做上标记。

（8）将前端盖与后端盖分离。

（9）取下转子、定子。

（10）组装顺序与解体顺序相反。

# 参 考 文 献

[1] 上海大众汽车有限公司. 桑塔纳 3000 系列维修手册. 2004.

[2] 上海大众汽车有限公司. 桑塔纳 2000GPII 底盘、车桥、转向系维修手册. 2002.

[3] 陈家瑞. 汽车构造[M]. 5 版. 北京：人民交通出版社，2005.

[4] 季小峰. 桑塔纳系轿车拆装技能训练[M]. 北京：中国劳动社会保障出版社，2009.

[5] 上海大众汽车有限公司. 速腾 2006 底盘、车桥、转向系维修手册. 2006.

[6] 阎岩，孙纲. 汽车构造实验教程[M]. 北京：人民交通出版社，2012.

[7] 程晟. 汽车拆装技能训练[M]. 2 版. 北京：中国劳动社会保障出版社，2004.

[8] 陈因达. 上海桑塔纳 2000GSi 轿车结构图册[M]. 北京：人民交通出版社，2000.

[9] 蔡兴旺，付晓光. 汽车构造与原理实训[M]. 北京：机械工业出版社，2006.

[10] 阎岩，臧杰. 汽车构造实习指导[M]. 北京：机械工业出版社，2005.

[11] 陈海平. 丰田轿车拆装技能训练[M]. 北京：中国劳动社会保障出版社，2009.